O.W. BARTH

Diana Sans

Mit dem Leben tanzen

Die 10 Weisheitsgöttinnen des Tantra als Begleiterinnen durch Licht und Dunkelheit

O.W. BARTH

Besuchen Sie uns im Internet:
www.ow-barth.de

Originalausgabe September 2024

Ein Imprint der Verlagsgruppe Droemer Knaur GmbH & Co. KG, München

Illustrationen: Julia Flemmer; Autorenfoto: privat
Covergestaltung: atelier-sanna.com
Coverabbildung: Julia Flemmer (Design & Illustration)
Satz und Layout: Adobe InDesign im Verlag
Druck und Bindung: Print Consult GmbH, München
ISBN 978-3-426-44863-2

2 4 5 3 1

Für Nathalie und Noëlle.
Tragt euer Licht in die Welt.

Ich möchte mit *allem* tanzen.
Mit der Stille und dem Tumult.
Mit meiner Verwirrung und meinem blutenden Herzen.
Mit dem Frühling, der meine Schwermut einfach niederblüht.
Und mit meiner nie gestillten, unstillbaren Sehnsucht.

Ich möchte tanzen mit wildem Lebenshunger
und ausgelassener Trunkenheit.
Dem Lachen und der Zärtlichkeit.
Schäumender Wut und der Liebe,
die lächelnd dahinter wartet.

Reich mir die Hand, Große Mutter.
Und lass uns tanzen.

Aus meiner Morgenmeditation

Inhaltsverzeichnis

Vorwort

Mitten im Leben

Es ist hier, wo alles beginnt.

Nimm einen tiefen Atemzug und lass dich ein. Auf diesen Moment, das Buch, das du in den Händen hältst, diese eine Zeile, die du liest. Lass dich ein auf dich selbst und dieses wundervolle, verrückte Leben, an dem wir alle teilhaben.

Dieses Buch handelt von der Liebe. Ja, tatsächlich, es ist ein Buch über unsere turbulente, erotische, leidenschaftliche und bedingungslose Affäre mit dem Leben selbst. Eine Geschichte der Hingabe und des Sich-Verschenkens, voller Wonnen und Abgründe, gewebt aus Sehnsucht.

Ich habe versucht, in Worte zu kleiden, was an zeitloser, östlicher Weisheit durch viele Generationen hindurch seinen Weg in unsere immer schneller pulsierende westliche Gegenwart gefunden hat. Dieses Buch möchte dir helfen, das Leben zu verstehen, damit du vertrauensvoll mit ihm fließen und in seine unergründlichen Strömungen hinein entspannen kannst. Wenn du zu erkennen beginnst, wer du *wirklich* bist und warum du hier bist, weicht die innere Anspannung eines vermeintlichen Lebenskampfs einer Lebendigkeit, Freude und Leichtigkeit, die sich nicht beschreiben, sondern nur erfahren lassen.

Dazu haben uns die heiligen, alten Schriften der tantrischen Traditionen wirkungsvolle Konzepte und Praktiken übermittelt, die ich dir im dritten Teil des Buchs vorstelle. Sie sind getragen von einer ebenso befreienden wie eleganten Philosophie und ihrem faszinierend modernen Weltbild, das den ersten Teil dieses Buchs einnimmt und uns eine erfrischend positive Sicht auf das Leben gewährt.

Durch die drei Teile dieses Buchs hindurch möchte ich dir einen ganzheitlichen spirituellen Weg vermitteln, den Weg des Tantra.

Einen Weg radikaler Inklusion, auf dem *alles* heilig ist, auch das Profanste, von den erhabensten bis zu den abgründigsten Facetten unseres Daseins.

Es ist ein mutiger, be-*herz*-ter Pfad, der uns durch Licht und Dunkelheit *mitten ins Leben* hineinführt, in das ganze irdische »Schlamassel«. Alles umfangend, alles in Liebe haltend. Innig mit allem verbunden im unermesslichen Gewebe des Lebens.

Im Tantra begegnen wir einer lebensbejahenden, weltzugewandten Spiritualität, die uns die Heiligkeit des Alltäglichen lehrt. Sie entfaltet sich in den banalsten Handlungen und Situationen, weil sie wirklich *alle* Aspekte deines Lebens integriert.

Sie heilt die Brüche und Spaltungen – in uns selbst ebenso wie in unserer zunehmend fragmentierten und entzauberten Welt – und führt uns zurück zur Ganzheit, aus der wir kommen, der niemals versiegenden Quelle, aus der alles entsteht.

Die Traditionen des Tantra laden uns ein, unser bittersüßes Leben wahrhaftig auszukosten, intensiver und präsenter daran teilzunehmen. Das ist zuweilen recht unbequem und nichts für schwache Gemüter. Denn: Es bedarf des wahrhaft heroischen Muts zu einem *bedingungslosen* »Ja!« zum Leben. Wir treten unserer irdischen, inkarnierten Existenz gegenüber mit wertfreier und vorurteilsloser Offenheit – egal, wie sie gerade daherkommt. Wir lassen uns mit Haut und Haar und furchtlosem Herzen darauf ein, weil wir das Leben ohne Wenn und Aber lieben.

Gleichsam Symbol für die schrecklich-schöne Vielfalt unseres Daseins sind die 10 großen Weisheitsgöttinnen des Tantra, die *Mahavidyas.* In ihren anmutigen und düsteren Gestalten, die wir uns im dritten Teil des Buchs erschließen, begegnet uns das Leben in seinem vollen Spektrum. Sie alle laden uns ein, staunend die Schönheit und Heiligkeit zu sehen, die sich in *jedem* Moment, ob freudvoll oder schmerzlich, offenbaren können.

Die Mahavidyas vermitteln uns einen Weg der Hingabe an den Fluss des Lebens. Wir ergeben uns seinen Rhythmen und Gezeiten, lassen uns tragen durch reißende Stromschnellen und vertrauensvoll führen an seinen Gabelungen. Wir stürzen uns zuweilen sogar mit dem Mut der Verzweiflung Wasserfälle hinab ins Ungewisse, in die tiefste Dunkelheit.

Wir bringen uns dar in stiller Ekstase, mit allem, was wir haben: Wut und Verlangen, Angst und Mitgefühl, Verblendung und Erkenntnis. Einfach alles ist unsere Praxis. Alles der Tanz des EINEN. Alles eine Pforte ins Erwachen. Und genau das, was uns bindet und blockiert, wird uns am Ende befreien.

Nimm also einen tiefen Atemzug und lass dich ein. Lass dich ein auf dieses Buch, auf dich selbst und dieses wundervolle, verrückte Leben.

In inniger Verbundenheit,

Einführung

Was ist Tantra?

Wenn ich in diesem Buch den Begriff Tantra verwende, beziehe ich mich auf das *nicht-dualistische Shaiva-Tantra,* das im indischen Mittelalter seine Blütezeit erlebte und oft als »Kaschmirischer Shivaismus« bezeichnet wird, da einige seiner bedeutendsten Vertreter aus dieser Region kamen. (Der Begriff »nicht-dualistisch« wird sich dir in Kapitel 2 erschließen.)

Die bekanntesten Schriften dieser Tradition entstanden zwischen dem achten und dem zwölften Jahrhundert unserer Zeitrechnung. Zu ihnen gehören die *Shiva-Sutras,* die *Spanda Karika,* das *Pratyabhijna Hrdaya* und das *Vijnana Bhairava Tantra,* dem du immer wieder im zweiten Teil des Buchs begegnen wirst. Sie wurden auf Sanskrit niedergeschrieben, der alten, sakralen Sprache Indiens. Bereits in den vorchristlichen Jahrhunderten wurden die großen religiösen Texte der indischen Zivilisation auf Sanskrit verfasst. Heute ist es – ähnlich wie Latein – vor allem als Schriftsprache und im zeremoniellen Kontext relevant, zum Beispiel beim Rezitieren von *Mantras* und heiligen Texten.

Die tantrischen Schriften – meist als »Tantras« oder »Agamas« bezeichnet – sind typischerweise in recht nebulöser Sprache voller Zweideutigkeiten formuliert. Sie wird oft »Sprache des Zwielichts« genannt, weil sie gleichermaßen ent- und verhüllt. Die Texte erfordern daher die Unterweisung durch einen Guru: Als Hüter der jeweiligen Übertragungslinie weiht er nur initiierte Schüler in die geheimen, esoterischen Praktiken ein.

In der heutigen digitalen Zeit, in der so gut wie alle Übertragungslinien des Shaiva-Tantra versiegt und gleichzeitig Informationen jeder Art viel freier zugänglich sind, hat das traditionelle Initiationsritual *(diksha)* an Bedeutung verloren, und auch die von allerlei Skandalen gezeichnete Rolle des Gurus wird immer öfter infrage gestellt.

Tantra ist keine institutionalisierte Religion, sondern ein praxisorientiertes System von Methoden, das sich quasi mit jeder Form von Spiritualität verbinden lässt. Am weitesten verbreitet ist der tantrische Buddhismus Tibets *(Vajrayana-Buddhismus),* gefolgt vom sogenannten Hindu-Tantra Indiens, das ganz unterschiedliche Strömungen, Gottheiten und Schulen umfasst. Die Tradition des Shaiva-Tantra *(Shiva-Shakti-Tantra)* ist eine davon. Weiter im Osten fanden die tantrischen Prinzipien im chinesischen Daoismus ihren Ausdruck.

Und bei uns im Westen? Die Kernideen der tantrischen Praxis und ihr nicht-dualistisches Weltbild lassen sich ebenso mit den christlichen Traditionen in Einklang bringen, wenn man die streng orthodoxen, kirchlichen Auslegungen durch eine modernere (und vielleicht auch ursprünglichere) Sichtweise erneuert. Die christliche Mystik erlebte ihre Blüte fast gleichzeitig mit dem Kaschmirischen Shivaismus durch Vertreter wie Meister Eckhart, Franz von Assisi, Hildegard von Bingen oder Johannes vom Kreuz, deren Botschaften große Übereinstimmung mit dem Weltbild der Tantriker anklingen lassen.

Was Tantra von anderen Formen der Spiritualität unterscheidet, ist seine Weltzugewandtheit. Als die tantrischen Schulen in den ersten nachchristlichen Jahrhunderten in Indien aufblühten, vermittelten sie erstmalig eine Lehre für »Householder«, eine Laien-Tradition, die nicht auf Entsagung, Zölibat und Askese beruhte.

Statt Rückzug in Kloster, Ashram oder Höhle, präsentierten sie innovative Techniken, die Befreiung im und mittels des Körpers versprachen. Eine Befreiung, die mitten im Leben und nicht erst im Jenseits erfolgt. Samsara, der von Karma getriebene, vermeintlich leidvolle Kreislauf der Wiedergeburten, wurde so – ganz diesseitig im Hier und Jetzt – zum ersehnten Nirvana, dem Himmel auf Erden.

Dabei unterminierten die Tantriker, basierend auf einer Weltsicht der Einheit und Inklusion, die rigiden sozialen Strukturen des hinduistischen Kastensystems. Jeder und jede (!) hatten nun direkten Zugang zu einer gelebten Spiritualität, die nicht länger einer Vermittlung durch die brahmanische Priesterkaste bedurfte.

Das patriarchalische Gerüst des sittenstrengen vedisch-orthodoxen Brahmanismus wurde durch schockierend transgressive (d. h. die Grenzen der üblichen Konventionen überschreitende) Praktiken ins Wanken gebracht. Dazu gehörten in einigen Schulen des sogenannten linkshändigen Wegs das sexuelle Ritual und der Verzehr verbotener Substanzen wie Fleisch und Alkohol.

In den sogenannten Shakta-Traditionen hielt in der zweiten Hälfte des ersten nachchristlichen Jahrtausends das »Heilige Weibliche« triumphalen Einzug in die Spiritualität; und mit ihm unterschiedliche Formen von Shakti, der Göttin, sowie weibliche Gurus, die eigene Übertragungslinien begründeten.

Über die Jahrhunderte des zweiten Jahrtausends ist Tantra dann mehr und mehr in den Untergrund gedrängt worden – ja, fast schon in Vergessenheit geraten. Die konservativen Systeme der islamischen Mogulkaiser und der britischen Kolonialmacht ließen wenig Raum für die »subversiven« Ideen der Tantriker.

Mit Beginn des 20. Jahrhunderts entstand in Europa und Nordamerika schließlich eine Bewegung, die häufig als »Neo-Tantra« bezeichnet wird und sich klar vom *klassischen* Tantra, das diesem Buch zugrunde liegt, abgrenzt.

Im Neo-Tantra stehen typischerweise sexuelle Praktiken im Fokus, die emotionale Heilung und Lustgewinn durch Intimität mit einem Partner versprechen. Im klassischen Tantra jedoch spielt Sexualität nur äußerst vereinzelt und dann in streng rituellem Kontext eine Rolle.

Der Akt der Vereinigung des Weiblichen mit dem Männlichen, wie er immer wieder in der Ikonografie tantrischer Gottheiten zu sehen ist, ist metaphorisch zu verstehen als Sinnbild für die Untrennbarkeit der Polaritäten der Realität (siehe Kapitel 1). Als Weg in die Ganzheit wird er nicht im Äußeren mit einem Partner vollzogen, sondern im Praktizierenden selbst.

Anders ausgedrückt: Im klassischen Tantra geht es nicht darum,

Paarbeziehungen erfüllender oder lustvoller zu gestalten, sondern um eine echte (und dabei durchaus sinnlich-ekstatische) Intimität mit dem Leben an sich.

Über dieses Buch

Die spirituellen Traditionen des Tantra folgen – ebenso wie dieses Buch – einem zweistufigen Prozess, der in den alten Schriften *jnana-vijnana* genannt wird. Er weist uns den Weg zu einer vollständig durchdrungenen, verkörperten und gelebten Spiritualität.

Jnana (sprich: »njaana«), der erste Ansatz, ist intellektuell: Wenn wir *verstehen,* wie das Leben funktioniert, und die großen Zusammenhänge überblicken, können wir uns gleich viel entspannter in der Welt bewegen. Dafür bietet Tantra ein – auch für die moderne Physik – äußerst schlüssiges Weltbild, das uns das Leben rational erklärt und viele der großen Fragen der Menschheit beantwortet.

Der erste Teil des Buchs liefert dir hier eine solide Einführung in die tantrische Philosophie, die die unverzichtbare Grundlage der Praxis bildet. Denn: Nur wenn du mit dem Weltbild der Tantriker vertraut bist, können die Techniken, denen wir uns im zweiten und dritten Teil des Buchs widmen, ihre Wirkung voll entfalten.

Vijnana (sprich: »vignyaana«), der zweite Ansatz, basiert auf der individuellen *Erfahrung* des Praktizierenden: Tantra überliefert uns eine Vielzahl oft sehr feinstofflicher Methoden, um die Realität über die Einschränkungen unserer fünf Sinne hinaus im Körper-Geist-System erfahrbar zu machen und in höhere Bewusstseinsebenen vorzudringen. Diese Erfahrungen vermitteln uns ein tiefes, intuitives Wissen, das über den rationalen Verstand hinausgeht.

Der zweite und dritte Teil des Buchs bedient diesen Aspekt: Er erläutert nicht nur die »Technologie« und Psychologie der Göttinnen-Praxis, sondern auch praktische Übungen, Kontemplationen und Meditationen aus der bekanntesten tantrischen Schrift, dem

Vijnana Bhairava Tantra. Mein Wunsch ist, dass du dir die zehn Weisheitsgöttinnen nicht nur konzeptionell erschließt, sondern ihre Energien durch die Praxis unmittelbar *erfährst.*

Der tantrische Weg beruht auf der Integration von jnana-vijnana, von Verständnis und Erfahrung. Man könnte auch sagen: von Kopf und Herz. *Beide* Pforten zur Erkenntnis müssen passiert werden, um zu unserer wahren Natur zu erwachen.

Bildlich formuliert: Beide Flügel müssen in Takt und Einklang schlagen, damit sich unser innerer Phönix kraftvoll und frei aus dem Feuer erheben kann.

TEIL 1

Das Leben verstehen – Weltbild und Philosophie des Tantra

Es begann mit einem bedingungslosen Ja!

Die Sehnsucht des EINEN, sich selbst zu erfahren

Dieses erste Kapitel handelt von Sehnsucht, einem der schönsten Wörter unserer Sprache. Es beschreibt eine Suche, die nicht vom Kopf, sondern vom Gefühl des Sich-Sehnens getrieben ist und dabei den unwiderstehlichen Magnetismus einer Sucht entwickelt. Wir können nicht anders, als diesem inneren, dem Herzen entspringenden Ruf zu folgen, selbst wenn das Ziel unserer Sehnsucht oft noch diffus ist und schwer in Worte zu fassen.

Alles entsteht aus Sehnsucht. Sie ist Impuls und Motor jeder Schöpfung.

Die tantrische Schöpfungsgeschichte beginnt mit dem EINEN Absoluten, dem reinen, ewigen Sein, jenseits von Zeit und Raum, Form und Attribut. In seiner unendlichen Stille beginnt sich ein Impuls zu regen, die zarteste Vibration, mit der das EINE sich seiner selbst bewusst wird. Und mit dieser ersten, uranfänglichen Bewusstwerdung entsteht, einem leisen Summen gleich, eine Regung der Sehnsucht.

Sehnsucht, sich selbst zu erfahren, sich auszudrücken und zu verwirklichen. Sehnsucht, sich in Form und Gestalt zu verlieren, um sich am Ende wiederzufinden. Sehnsucht, in Beziehung zu gehen, sich selbst in jeder denkbaren und undenkbaren Form zu begegnen und auf jede mögliche und unmögliche Art zu lieben.

Dieser erste Impuls in der ewigen, unendlichen Stille hat aus dem EINEN *zwei* gemacht, die doch untrennbar miteinander verbunden sind, so wie die Sonne und ihr Licht, so wie Feuer und seine Hitze: das reine (Gewahr-)Sein und seine Sehnsucht – pochende, pulsierende Energie, die sich schon bald ihre Bahn brechen wird.

Shiva & Shakti – die zwei Aspekte der Realität

Diese beiden Aspekte des EINEN Absoluten werden im Shaiva-Tantra gemeinhin als Shiva und Shakti bezeichnet und gerne mit den Attributen »Das Heilige Männliche« und »Das Heilige Weibliche« belegt. Die absolute Realität, das Göttliche – für das es so viele und am Ende doch keinen Namen gibt – ist also Gott und Göttin zugleich.

Ikonografisch wird dieses Prinzip gerne als »Ardhanarishvara« abgebildet, ein Wesen, dessen rechte Körperhälfte die männliche Gottheit (Shiva) ist und dessen linke Hälfte die Göttin (Shakti). Diese Darstellung verdeutlicht, wie untrennbar miteinander verbunden diese zwei Aspekte der EINEN Realität sind.

Auch wenn dieser zweigeschlechtliche Ansatz erfrischend zeitgemäß ist: Bitte mach dich an dieser Stelle frei von allen Assoziationen zu Gleichberechtigung, Feminismus und Emanzipation. Es geht hier nicht um Geschlechterrollen, sondern um übergeordnete existenzielle Prinzipien, die sich in jedem von uns, gleichgültig welcher Gender-Zugehörigkeit, ebenso wie in jedem noch so kleinen Partikel dieses Universums ausdrücken.

Shiva, der sogenannte männliche Aspekt der Realität, steht für reines Gewahrsein, formlos und ohne jegliches Attribut, durch das er sich beschreiben ließe. Er ist die leere Leinwand, auf der sich das Leben in buntesten Farben entfalten kann. Er ist der transzendente, ewige Urgrund, aus dem alles hervorgeht und in dessen stiller Unendlichkeit sich alles wieder auflöst.

Shakti, die Göttin, ist Energie. Sie ist der schöpferische Aspekt des EINEN, der sich in Form und Gestalt ausdrückt, sich verdichtend von der subtilsten Schwingung bis hin zur gröbsten Materie. Alles, was du im Inneren oder Äußeren wahrnehmen kannst, ist Shakti. Dazu gehören auch deine Gedanken, Gefühle und Träume.

Sie ist der immanente, allem innewohnende, Aspekt des Göttlichen, sich in unendlichen Formen manifestierend und als pulsie-

rende Energie in ständigem Fluss und stetigem Wandel. Metaphorisch wird Shakti mit dem Weiblichen gleichgesetzt, denn sie bringt als kreative Kraft des EINEN Leben hervor und versinnbildlicht – ebenso wie der weibliche Körper mit seinen hormonellen Zyklen – rhythmische Veränderung.

Das *Pratyabhijna Hrdaya* (ausgesprochen: »pratyabignija hriddaya« – übersetzt: »Herz der Erkenntnis«) ist der wohl prägnanteste und zugänglichste Text des Kaschmirischen Shivaismus, der beschreibt, wie sich das EINE Absolute in einer unendlichen Vielfalt von Formen als dieses unser Universum manifestiert. In den ersten beiden Versen heißt es, dass die Göttin aus sich selbst heraus den Kosmos entfaltet. Man könnte auch sagen, sich selbst *als* Kosmos entfaltet:

»Die Göttin, schöpferische Kraft des Absoluten Bewusstseins, bringt in völliger Freiheit das Wunder des Universums hervor. Kraft ihres eigenen Willens entfaltet sie sich als das dynamische Gewebe des Lebens.«

Das weibliche Prinzip nimmt im Tantra eine besondere Stellung ein: Ohne Shakti ist Shiva »shava« (ein Leichnam), besagt ein tantrisches Sprichwort. Sie ist seine Sehnsucht, seine Liebe, seine Fähigkeit zu Glückseligkeit, die Kraft seines Bewusstseins. Nur durch sie kann er aktiv werden, sich ausdrücken und selbst erfahren.

Das Göttliche ist in seinen zwei Aspekten also gleichzeitig *transzendent,* das heißt jenseits von Zeit und Raum, jenseits der Erfahrbarkeit durch unsere fünf Sinne und unser Alltagsbewusstsein; und *immanent,* das bedeutet sich verkörpernd als dieses unser Universum. Es ist Ursprung und Ausdruck, Schöpfer und Schöpfung, Sein und Werden, Stille und Dynamik.

Wenn du dir diese Bi-Polarität des Göttlichen bewusst machst, erschließt sich dir die auf den ersten Blick seltsam anmutende Ikonografie des Tantra: Häufig wird Shiva als durchscheinend blasse und leblos daliegende Gestalt dargestellt und Shakti, die Göttin, in ihren unterschiedlichen Gestalten auf ihm tanzend oder sitzend. Shiva hält den Raum, in dem Shakti sich entfaltet.

Stell dir die beiden als ein Glas voll Wasser vor: Shiva als Glas ist der durchscheinende, unsichtbare Container (oder sehr treffend auf Deutsch: Be-*hält*-er), der die Form (zusammen-)hält. Shakti ist das Wasser darin, fließend, veränderlich, sich neu formend in jedem Moment.

Sie können nicht ohneeinander: Ohne Shakti ist Shiva leblos. Ohne Shiva ist Shakti *außer sich* und zerstörerisch statt kreativ. Dieses Prinzip wird eindrucksvoll veranschaulicht in einer mythologischen Geschichte: Nach einem epischen Kampf, in dem die dunkle Göttin Kali (du wirst sie im zweiten Teil des Buchs näher kennenlernen) eine ganze Armee von Dämonen besiegt hat, steigert sie sich in einen so unkontrollierbaren Blutrausch, dass ihr Siegestanz die ganze Welt zu zerstören droht. Erst als Shiva sich ihr zu Füßen wirft und ihr seinen Körper als Tanzboden darbietet, kommt sie zur Besinnung.

Als dynamischer, veränderlicher Aspekt der Realität nimmt das Heilige Weibliche im Tantra ganz unterschiedliche Formen an, mal lieblich, mal fürchterlich. Die zehn Mahavidyas gehören zweifellos zu den eindrucksvollsten Gestalten, in denen die Göttin uns begegnet.

Das große Ja

Zurück zum Schöpfungsmythos des Tantra: Die summende Sehnsucht des EINEN – pochend, drängend – birgt unendliche Potenzialität, die sich schließlich als »kosmischer Orgasmus« im Urknall entlädt. Mit ihm entstehen Zeit und Raum.

Der alldurchdringende Schall des Big Bangs ertönt als großes *Pranava*, das uranfängliche OM. Es ist die Ur-Schwingung, aus der alles hervorgeht, und die seit Anbeginn durch Zeit und Raum widerhallt.

Mit dem Urknall explodiert das EINE Absolute förmlich in dieses gewaltige erste OM, ekstatisch und frei. Die Silbe OM bedeutet auf Sanskrit »ja« – und das große Pranava ist ein *bedingungsloses Ja* zur Schöpfung. Es initiiert den Prozess des Werdens: Von den einfachsten molekularen Verbindungen hin zu immer komplexeren Formen, sucht sich das Göttliche seinen Ausdruck.

Es ist ein Weg in die Vielfalt. Das formlose EINE verdichtet und fragmentiert sich in diverseste Formen und Gestalten, um sich selbst zu begegnen, denn uns selbst erfahren können wir nur, wenn wir *in Beziehung* gehen. Um uns selbst zu sehen, bedarf es des »Anderen«, das uns spiegelt.

Dieses uranfängliche, große Ja ist ein Akt der Liebe und eine Art Heilige Hochzeit mit dem Leben selbst. Es sagt: Ich will dich lieben, in guten wie in schlechten Tagen. Ich lasse mich aus tiefstem Herzen auf dich ein, freiwillig und voller Freude, in staunender Neugier auf die unendlichen Erfahrungen, die du mir bescheren wirst.

Das bedingungslose Ja des EINEN wird gegeben in radikaler Freiheit und ohne jede Einschränkung, nichts ausschließend, alles glückselig auskostend – egal, ob der Moment gerade euphorisch oder schmerzhaft ist!

Diese ultimative Glückseligkeit wird auf Sanskrit mit dem schönen Wort *Ananda* umschrieben und trägt in sich die pulsierende Energie der Freude.

Doch aufgepasst: Ananda ist nicht die an äußere Umstände gebundene Freude *über* etwas Bestimmtes, etwas Angenehmes, das uns widerfährt, sondern eine ganz *grundsätzliche* Freude darüber, dass wir am Leben sind und die Fähigkeit haben, uns bewusst zu erfahren.

Ananda, die allgegenwärtige Glückseligkeit des Seins, ist unsere innerste Natur. Der Weg des Tantra lehrt uns, sie als stille, konstante Freude unter dem ständigen Auf und Ab unseres Lebens wahrzunehmen. Anstatt zu bewerten, zu beklagen oder zu verurteilen, was uns widerfährt, ergeben wir uns dem bedingungslosen Ja, einem grundsätzlichen Einverstanden-Sein mit allen Auswüchsen unseres Daseins.

Indem wir uns dem unfassbaren, *wunder*-vollen Mysterium des Lebens in dieser mutigen, radikalen Offenheit stellen, eröffnet sich uns die gelöste Weite des Herzens, wo Freude und Leichtigkeit auf uns warten.

Getragen im Gewebe des Lebens

Die Einheit unter der Vielfalt erkennen

Spirituelle Wege werden oft in die Kategorien »dualistisch« und »nicht-dualistisch« unterteilt. Diese recht sperrigen Begrifflichkeiten machen den ganzen Unterschied darin, wie wir die Welt erfahren.

Dualismus beschreibt ein System, in dem sich zwei Gegensätze unvereinbar gegenüberstehen. Der erste große Bruch verläuft dabei zwischen Schöpfer und Schöpfung, Gott und Mensch, Himmel und Erde. Kurz: Gott erschafft die Welt, steht dabei jedoch stets außerhalb von ihr. Die abrahamitischen Religionen (Judentum, Christentum, Islam) sind typische Vertreter dieser Weltsicht.

Eine dualistische Spaltung besteht auch zwischen Geist und Materie, Seele und Körper oder *purusha* und *prakriti,* wie es in der indischen Philosophie genannt wird. Diese Weltanschauung begegnet uns in orthodoxen Denkschulen wie der *Samkhya-Philosophie* und im berühmten *Yoga-Sutra* von Patanjali. Doch auch in der westlichen Welt vermitteln uns die Naturwissenschaften und Philosophen wie Descartes eine entschieden dualistische Sicht auf das Leben.

In der unmittelbaren persönlichen Erfahrung erleben wir außerdem kontinuierlich einen Dualismus zwischen Subjekt und Objekt, »Ich« und dem »Anderen«. Er wird ausgelöst durch die Funktionsweise unseres menschlichen Gehirns und die Gabe der Sprache, wie wir an späterer Stelle noch sehen werden. Nimm folgenden Satz als Beispiel: »Ich lese dieses Buch.« Er weist die typische Struktur von Subjekt-Prädikat-Objekt auf und programmiert uns darauf, zwei voneinander getrennte Entitäten wahrzunehmen: Ich – und das Buch.

Das ist durchaus nützlich, um sich in der Welt zu bewegen, und auf der Ebene des konkreten sprachlichen Ausdrucks sogar unumgänglich. *Mit dem Leben tanzen* lautet der Titel dieses Buchs. Das klingt gut und beschreibt seine Kernaussage recht treffend, vermittelt jedoch streng genommen die Annahme, dass du und dein Leben zwei separate Instanzen seid, was natürlich nicht stimmt.

In einer Welt des Dualismus erfahren wir Menschen uns als getrennt von Gott und getrennt von allem anderen. Oft genug sogar entfremdet von unserem eigenen Körper und als »Krone der Schöpfung« außerhalb der Natur stehend. Daraus resultiert viel innere und äußere Spaltung, wie allerorten auf diesem Planeten sichtbar wird: in der Ausbeutung und Zerstörung von Ökosystemen, in Glaubenskriegen und Rassismus, im Hass und Zwiespalt, der in den sozialen Netzen kursiert. Wenn du dir an dieser Stelle einen Augenblick Zeit nimmst, fallen dir sicherlich noch genügend andere Beispiele hierzu ein.

Im Unterschied dazu widmet sich dieses Buch einem *nicht-dualistischen* Weltbild, das auf der gemeinsamen Essenz aller Dinge gründet. Es erkennt an, dass unterhalb der Vielfalt an Formen und Gestalten, die uns durch unsere Sinne begegnen, ein Feld der Einheit liegt. In der unendlichen Diversität dieses Universums entspringt doch alles der EINEN Quelle. Jenseits des Filters unserer menschlichen Wahrnehmung ist alles aus demselben Stoff gemacht und im unermesslichen Gewebe des Lebens miteinander verbunden.

Das nicht-dualistische Shaiva-Tantra hat eine zeitlose und äußerst schlüssige Metaphysik entwickelt, um die erscheinende Welt der Vielfalt mit ihrem transzendenten Ursprung, der Einheit, zu vermählen. Es gibt, wie wir im vorigen Kapitel gesehen haben, nur *eine* Wesenheit, *ein* Absolutes Bewusstsein, das als und durch die unendlichen Formen dieses Universums lebt – oder *sich erlebt.*

Eine eingängige Metapher für diese Einheit in und unter der Vielfalt liefert uns das Meer: Wie Wellen heben sich die unzähligen Phänomene des Kosmos als Gestalt und Materie, Erfahrung und Lebensform aus dem Ozean der Einheit, der ihren Urgrund jenseits von Zeit und Raum bildet. Sie steigen, brechen und versiegen schließlich wieder in ihm. Im *Vijnana Bhairava Tantra* verkündet das Absolute Bewusstsein in Vers 110:

> *»So wie die Wellen aus dem Ozean entstehen, die Flammen aus dem Feuer, die Strahlen aus der Sonne, so sind die vielfältigen Formen des Universums aus mir, Bhairava, entstanden.«*

Jede Welle ist einzigartig und klar erkennbar als separate Form und bleibt doch stets Teil des Ozeans. Die Wellen des Universums sind unendlich divers in Gestalt, Größe und Geschwindigkeit, sich überlagernd oder gegenseitig verschlingend, sich ständig verändernd. Und doch sind sie alle aus demselben Stoff gemacht, der gemeinsamen göttlichen Essenz aller Dinge, die leuchtendes Bewusstsein ist, wie wir im nächsten Kapitel sehen werden.

Alles ist also zugleich Ozean und Welle. Alles ist Shiva-Shakti, wie die Tantriker sagen. Oder Leere und Form, wie die Buddhisten es nennen. Jeder Moment deines Lebens, jede Wahrnehmung und Erfahrung ist Dynamik (Welle) und die darunter liegende Stille (Ozean) zugleich. Je mehr du dein Augenmerk auf den offensichtlicheren, weil oberflächlicheren, Wellencharakter von etwas legst, desto dualistischer ist deine Wahrnehmung: Du siehst eine fragmentierte Welt voller einzelner Dinge und Formen.

Durch die spirituelle Praxis lernst du, die ozeanische Stille und Weite, die allumfassende Verbundenheit unterhalb des für das Auge Sichtbaren zu *erspüren* und so in eine zunehmend nicht-dualistische Erfahrung der Welt einzutauchen.

Das hat weitreichende Auswirkungen auf dein Selbstverständnis und darauf, wie du dich in der Welt bewegst: Du brauchst Gott nicht länger außerhalb deiner selbst zu suchen und kannst das Göttliche gleichzeitig in allem entdecken, was du um dich herum wahrnimmst. Wohin du auch blickst: *Du begegnest dir selbst in anderer Form.*

Was zuerst ein abstraktes, intellektuelles Konzept ist, wird durch die Praxis mehr und mehr zu einer gefühlten Erfahrung, die dich aus dem schmerzlichen Gefühl von Trennung und Zerrissenheit erlöst. Du wirst mehr und mehr *eins* mit allem, was du tust, mit allem, was dich umgibt, mit dir selbst.

Dualistisch oder nicht-dualistisch – letztendlich sind das nur mentale Konstrukte. Die absolute Realität liegt jenseits davon, wie Shiva selbst im ersten Kapitel des *Kularnava-Tantra* anmerkt:

»Die einen ziehen den Nicht-Dualismus vor, andere den Dualismus. Sie wissen nicht, dass meine Realität über beides hinausgeht.«

Tantra lehrt uns, das vermeintlich Unvereinbare miteinander zu vereinen und Gegensätze als zwei Pole einer Einheit zu begreifen. Sinnbild hierfür ist die Untrennbarkeit der beiden elementaren Polaritäten der Realität, Shiva und Shakti, die zwei sind und doch eins. In ihrem innigen Tanz, ihrem Liebesspiel, lösen sich die grundsätzlichen Gegensätzlichkeiten des Lebens ineinander auf: Vielfalt und Einheit, Dynamik und Stille, Vergänglichkeit und Ewigkeit, Immanenz und Transzendenz, Kontraktion und Expansion, Form und Formlosigkeit, Werden und Vergehen.

Wir erfahren so eine Welt, die vollkommen ist in ihrer Imperfektion, erhaben in ihren Abgründen, unendlich heilig und profan zugleich. Immer wieder konfrontiert uns die tantrische Spiritualität mit dem Paradoxen, bis wir lernen, in den für die dualistische Logik unfassbaren Widerspruch hinein zu entspannen.

Der Kopf insistiert stirnrunzelnd: Entweder so oder so. Das Herz antwortet lächelnd: *Sowohl als auch.*

Und führt uns über den ratlosen, rationalen Verstand hinaus, ins Absolute, das jenseits aller Worte und Konzepte liegt.

Verbunden in einem Feld der Liebe

Der Begriff »Tantra« kann auf Sanskrit verschiedene Bedeutungen annehmen. Zunächst einmal bezeichnet er eine geoffenbarte Schrift dieser spirituellen Tradition. Ein Tantra ist also ein heiliger Text, meist in Dialogform, der göttlichen Ursprungs ist und deshalb keinem menschlichen Autor zugeschrieben wird. Das bekannteste Beispiel ist das *Vijnana Bhairava Tantra*, über das du im zweiten Teil des Buchs mehr erfahren wirst.

Wenn wir den Begriff zerlegen, ergibt sich ein anderes Bild: Die Silbe »tan« steht für Ausdehnung oder Erweiterung. Die Silbe »tra« für ein Werkzeug oder Instrument. Ein »tan-tra« ist also ein Werkzeug zur Erweiterung (des Bewusstseins).

Das Wort »Tantra« kann in seiner Gesamtheit auch übersetzt werden als *System* (von Methoden), *Lehre* oder *Werk*. Und schließlich, in seiner ursprünglichsten Bedeutung, als *Webstuhl* oder *Kettfaden*.

Am aufschlussreichsten finde ich persönlich allerdings die Übersetzung von Tantra als *Kontinuum* oder *Gewebe*, weil sie das Weltbild der Tantriker auf den Punkt bringt.

Wie wir auf den vorigen Seiten gesehen haben, sind wir alle »ozeanisch« verbunden im dynamischen Gewebe des Lebens. In der Mythologie wird diese allumfassende Struktur des Kosmos als Netz der vedischen Gottheit Indra beschrieben: An jedem Knotenpunkt dieses unermesslich großen Gebildes befindet sich ein Diamant, der alle anderen Diamanten im Netz reflektiert und ebenso von allen anderen widergespiegelt wird – ad infinitum. Und in all diesen unendlich vielen Diamanten bricht sich das EINE Licht.

Wir alle sind so ein Diamant im funkelnden Netz, eine Welle im kosmischen Ozean des Bewusstseins. Teil eines riesigen pulsierenden Felds, das sich – seinem eigenen Rhythmus folgend – als Universum in Wellen manifestiert, in Wellen hebt und senkt.

Und doch nehmen wir uns als separates Individuum wahr. Wir können gar nicht anders, denn wir sind durch die Funktionsweise unserer fünf Sinne und des menschlichen Gehirns regelrecht darauf programmiert. Auf diese Weise erleben wir gemeinschaftlich das Spiel des Lebens durch Milliarden verschiedener Körper-Geist-Systeme. Anders ausgedrückt: Das Universum blickt auf sich selbst aus unzähligen Augenpaaren.

Doch die Sache hat ihren Preis: Diese individualisierte Wahrnehmung suggeriert uns eine Realität, in der wir als Inseln im großen Ozean des Lebens treiben – während wir doch in Wahrheit Welle sind, Teil des Ozeans, der Ozean selbst. (In Kapitel 3 wirst du mehr darüber erfahren.)

Wenn wir gefangen sind in »Maya«, dem Schleier von Trennung und Dualität, bewegen wir uns regelrecht als *Fremdkörper* in der Welt, verwickelt im großen Gewebe des Lebens, anstatt harmonisch eingebunden mit ihm zu fließen. Wir fühlen uns dann als hilfloser Spielball, dem das Leben »widerfährt«, einem Staubkorn gleich im riesigen Wirbelsturm des Universums. In dieser Isolation erfahren wir viel Anspannung, Angst und Sorge.

»Leichtigkeit entsteht durch Verbundenheit«, lautet eines der Grundprinzipien des von der tantrischen Philosophie inspirierten Yoga, das ich seit einigen Jahren unterrichte. Ich bezeichne es als »Tantra-Yoga«, weil es die hier geschilderten abstrakten Konzepte in eine verkörperte Erfahrung überträgt.

In meiner langjährigen Erfahrung als Yoga-Praktizierende und -Lehrende ist mir zunehmend bewusst geworden, dass Hatha-Yoga als körperliche Disziplin häufig eine recht verbissene Angelegenheit ist. Es scheint in vielerlei Hinsicht den allgemeinen Lebenskampf auf der Matte fortzuführen. Um mehr Leichtigkeit zu kultivieren, lernen wir im Tantra-Yoga, uns in unser Umfeld hinein zu entspannen – in den Raum, der uns umgibt, und in die Schwerkraft, die uns erdet.

Oft darf ich dabei beobachten, wie durch diese *Verbundenheit* mit unserer Umgebung eine mühelose, natürliche Gelöstheit entsteht. Wir werden durchlässiger und bewegen uns *mit* der Schwerkraft, anstatt uns gegen sie zu stemmen, fließen und verschmelzen regelrecht mit dem Raum.

Diese körperliche Erfahrung erweckt in uns die Erkenntnis: Wir sind nicht umgeben von totem, leerem Raum. *Wir sind innig gehalten in einem lebendigen, pulsierenden Feld der Liebe.* Auf der Yoga-Matte genauso wie überall sonst im Leben.

Kontraktion und Anspannung lassen dann los in ein Gefühl von innerer Weite. Der angestrengte Lebenskampf des isolierten Individuums weicht mehr und mehr entspannter Gelöstheit, einer vertrauensvollen, neugierigen Freude, mit der unser Körper-Geist-System in den Fluss des Lebens eintaucht.

Lächle also und entspann dich, Liebes: Es ist die Göttin selbst, die dich hält. Du bist getragen im großen Gewebe des Lebens.

Das Leben lebt sich durch dich

Wer bist du?

In den ersten beiden Kapiteln haben wir gesehen, dass das Universum aus der Sehnsucht nach Selbstverwirklichung entstanden ist. Alles ist im großen Gewebe des Lebens miteinander verbunden. Jetzt wird es sehr persönlich, denn wir kommen zur Frage aller Fragen: *Wer bist du?*

Hier liefern uns die Schriften des Kaschmirischen Shivaismus recht konkrete Antworten. Gleich im ersten Vers des *Shiva-Sutra,* einem für viele Schulen des Shaiva-Tantra wegweisenden Text aus dem achten nachchristlichen Jahrhundert, erfahren wir, woraus wir im Innersten gemacht sind: *Das Selbst ist (reines) Bewusstsein.*

Das *Svacchanda-Tantra* formuliert etwa zeitgleich den berühmten Ausspruch: *Es existiert nichts, was nicht Shiva ist.*

Beide Texte wollen uns sagen: Du bist von derselben Essenz wie alles andere im Universum auch, nämlich Shiva oder leuchtendes Bewusstsein (auf Sanskrit: *Prakasha*). In drei Worten gesagt: *Alles ist Gott.*

Vielleicht stellt sich dir nun die Frage, wie es sein kann, dass der Stuhl, auf dem du gerade sitzt, und du selbst als atmender, denkender Mensch dieselbe Grundsubstanz habt? Die tantrische Antwort lautet: Ihr seid beide Ausdruck von *Prakasha,* Bewusstsein, das sich zu Form verdichtet hat, das für einige flüchtige kosmische Momente als du und der Stuhl vibriert. Was dich allerdings grundlegend vom Stuhl unterscheidet, ist, dass du als fühlendes Wesen zu *Vimarsha* fähig, das heißt, dass du dir deiner selbst bewusst bist.

Alles im Universum ist also in seiner Essenz leuchtendes Bewusstsein, *Prakasha.* Aber nur lebendige Wesen wie du und ich haben *Vimarsha,* die Fähigkeit, uns selbst wahrzunehmen und damit das Licht des Bewusstseins zu reflektieren. Im Unterschied zu dem

Stuhl, auf dem du sitzt, kannst du dir die Frage stellen: »Wer bin ich?«

Auf unserem Planeten sind wir Menschen in dieser Hinsicht am höchsten entwickelt, aber du kannst davon ausgehen, dass alles, in dem *Prana,* die kosmische Lebensenergie, pulsiert, einen gewissen Grad von *Vimarsha* hat. Schau einfach in die Augen deines Haustiers – es ist das Licht des Bewusstseins, das sich darin spiegelt.

Dieses Prinzip wird ebenso klar wie poetisch veranschaulicht in Indras Netz, das du im vorigen Kapitel kennengelernt hast: Die ganze Struktur des kosmischen Gewebes ist aus *Prakasha* gemacht, der leuchtenden Grundsubstanz aller Dinge, die Gott ist. Alle fühlenden Wesen in diesem Universum sind dank *Vimarsha* funkelnde Diamanten, die das Licht des Bewusstseins reflektieren.

Die Philosophie des Shaiva-Tantra hat sich über die Jahrhunderte ihrer Blütezeit im ersten nachchristlichen Jahrtausend kontinuierlich weiterentwickelt: von einem anfänglich noch eher dualistischen Weltbild hin zum Nicht-Dualismus und zu einer vermehrten Präsenz der Göttin, die in den sogenannten Shakta-Traditionen unter verschiedenen Namen auftaucht. Aus Kapitel 1 wissen wir: Shakti, das weibliche Prinzip, ist Energie, ist Veränderung, ist schöpferischer Ausdruck und Selbstverwirklichung des EINEN.

Diese pulsierende, dynamische Natur des Absoluten Bewusstseins wird in der *Spanda Karika* beschrieben, die als eine Art Erweiterung oder Kommentar zum bereits genannten *Shiva-Sutra* verstanden werden kann. Der Text vermittelt uns: Wir sind nicht nur stilles, statisches Bewusstsein, das als passiver Zeuge dem Spiel des Lebens beiwohnt. Wir sind – ebenso wie das Universum selbst – ein *pulsierendes Energiefeld,* ein *dynamischer Prozess,* auf allen Ebenen schwingend im Rhythmus von Kontraktion und Expansion, von Werden und Vergehen.

Diese schöpferische Vibration in der Stille des Absoluten Bewusstseins wird als *Spanda* bezeichnet und ist ein essenzielles Attribut deiner wahren Natur. Du kannst sie dir als kreativen Puls und Impuls des Lebens vorstellen.

In aller Kürze zusammengefasst bringen uns die beiden Texte gemeinsam also zu folgender Erkenntnis: *Du bist pulsierendes Bewusstsein.*

Das *Pratyabhijna Hrdaya* fügt schließlich im elften Jahrhundert eine weitere Definition unserer (wahren) Identität hinzu und lässt uns in Vers 4 wissen: »*In jedem bewussten Wesen verdichtet sich das Absolute Bewusstsein zu einer mikrokosmischen Abbildung des Universums.*«

Es braucht einen Moment, um sich auf diese Vorstellung einzulassen. Bei näherer Betrachtung beginnen wir aber zu verstehen, dass unser Körper-Geist-System ähnlich komplex, ähnlich strukturiert und genauso beschaffen ist wie das Universum selbst: Eine unendliche Anzahl scheinbar einzelner Formen gruppiert sich – dank einer übergeordneten Intelligenz, die wir nicht wirklich erfassen können – zu immer komplexeren Systemen und schließlich, mikro- wie makrokosmisch, zu einem lebenden, atmenden, bewussten Organismus. In der Weltsicht der Tantriker ist der Kosmos kein totes Riesengebilde aus Stein und Sternenstaub, sondern der lebendige Körper des EINEN Absoluten Bewusstseins.

Unser menschlicher Körper besteht aus Trillionen von Zellen, deren Anzahl wahrhaft galaktische Ausmaße annimmt. In diesen wiederum umkreisen unvorstellbar viele Elektronen ihren Atomkern, so wie Planeten ihre Sterne. Dazwischen, ebenso wie im Kosmos, unermessliche Dimensionen leeren Raums, pulsierend in einem geheimnisvollen Magnetismus, der das System zusammenhält.

Und ebenso wie das Weltall in seiner Ganzheit sind wir Shakti, verkörpertes Bewusstsein, nur in kleinerer, begrenzterer Form. Man könnte sagen: Wenn das Universum der Körper des EINEN Absoluten Bewusstseins ist, sind wir eine Zelle in diesem riesigen Organismus, die wie alle Zellen seine gesamte DNA als latentes Potenzial enthält.

Wer bist du also?

Du bist das EINE Absolute, das sich in der ebenso einzigartigen wie vergänglichen Form deines Körper-Geist-Systems selbst erfährt. *Es lebt in dir, als du, durch dich.*

Das, was du bist, wächst ebenso als Baum vor deinem Haus, fällt als Regen, dreht sich als Galaxie, manifestiert sich als deine Teetasse.

Du bist verdichtetes Bewusstsein, sich seiner selbst gewahr, freudig pulsierend im ewigen Rhythmus von Expansion und Kontraktion.

Du bist eine mikrokosmische Abbildung des Universums, weil sich in dir dieselben Prozesse abspielen und du dieselben schöpferischen Kräfte besitzt wie das EINE Absolute – wenngleich eingeschränkt durch einen Akt der freiwilligen Selbstlimitierung, wie wir gleich sehen werden.

Vergessen, um sich zu erinnern

Die Verdichtung in menschliche Form und Gestalt bringt einige bedeutende Einschränkungen mit sich, die nötig sind, damit das EINE Absolute vollständig als du und ich inkarnieren kann. Von Natur aus allwissend, allgegenwärtig und allmächtig limitiert es sich nun – freiwillig und voller neugieriger Freude – zu einem an Raum und Zeit gebundenen Individuum. Nur so kann es vollkommen in dieses Spiel des Lebens eintauchen.

Es ist gewissermaßen ein Versteckspiel mit sich selbst: Das EINE Absolute wählt den Weg der Begrenzung, des Vergessens nur der Freude wegen, sich dann wieder zu erinnern. In radikaler Freiheit erlaubt es sich, sich völlig *selbstvergessen* im Spiel des Lebens zu verlieren, nur um sich am Ende wiederzufinden. Der spirituelle Weg ist nichts anderes als die Suche nach uns selbst – die Suche des EINEN nach sich selbst.

Das bereits erwähnte *Pratyabhijna Hrdaya* schildert prägnant und eindrücklich diesen dramatischen Weg der Kontraktion hinein in die flüchtige menschliche Gestalt: Einmal im Körper angekommen, erleben wir eine fragmentierte Welt der Dualität, Gegensätzlichkeit und Trennung, und das ursprünglich freudvolle »große Ja zum Leben« wird schnell zur leidvollen Verstrickung ins irdische Dasein.

Vollständig identifiziert mit unserem fragilen, vergänglichen Körper-Geist-System, vergessen wir, wer wir *wirklich* sind und warum wir hier sind. Wir verwechseln das, was uns aus dem Spiegel entgegenblickt, und das, was als Gedanke oder Gefühl in uns rumort, mit unserem wahren Selbst.

Der Kaschmirische Shivaismus beschreibt dieses menschliche Dilemma sehr einleuchtend mit den drei *Malas.* Der Begriff lässt sich am treffendsten übersetzen mit »Wahrnehmungstrübungen«, doch häufig wähle ich stattdessen die »drei Arten des Vergessens«.

Anava-Mala ist dabei die Wurzel allen Übels: Es ist die Illusion der Trennung von Gott. Sie hält uns gefangen im Gefühl, unbedeutend und wertlos zu sein als verschwindend kleines Individuum im unermesslichen Gefüge des Universums. Wir können weder unseren göttlichen Ursprung noch unsere angeborene Vollkommenheit als einzigartigen Ausdruck des EINEN erkennen. Wir fühlen uns in unserem Leben unbehaglich, ungenügend und nicht liebens-*wert.* Egal, wie viel wir anhäufen an Wohlstand, Erfolg und Bestätigung: Ein nagender, innerer Mangel scheint stets auf unserem Herzen zu lasten.

Mayiya-Mala ist die zweite Art des Vergessens: Sie suggeriert uns eine fragmentierte Welt und schneidet uns ab vom erlösenden Gefühl der Verbundenheit. »Ich gegen den Rest der Welt« könnte das Motto dieser Verblendung sein, die uns regelrecht auf den (Über-)Lebenskampf in einer fremden, feindlichen Umwelt programmiert. Wir sehen keine Einheit, sondern nur die Vielfalt des »Anderen« und sind anfällig für Angst, Aggression, Egozentrik und Missgunst. Mayiya-Mala kann sich auswachsen zu einer inneren, oft unbewussten Grundhaltung des Misstrauens – dem Leben und allen anderen gegenüber.

Karma-Mala überträgt schließlich das angespannte Lebensgefühl des isolierten Individuums auf unser Handeln: Gefangen im kleinen Ich und getrieben von unserer ganz persönlichen Agenda, versuchen wir verbissen, in den wilden Wassern des Lebens zu navigieren. Als »Macher« halten wir uns mit einer gewissen menschlichen Arroganz für den *Handelnden* und vergessen dabei, einfach »Gefäß« zu sein, das Instrument, durch das die Sinfonie des Lebens erklingt.

Alles, was wir in diesem »malifizierten« Zustand tun und vollbringen, entspringt dem Abgetrennt-Sein, unserer Ego-Identität, unseren Konditionierungen sowie persönlichen Anhaftungen oder Abneigungen. Es erzeugt deshalb *Karma,* das uns bindet, und ist gleichzeitig furchtbar anstrengend, weil der Leistungsdruck des isolierten Individuums auf uns lastet. Allzu oft stehen wir uns selbst im Weg mit dem Wunsch nach Kontrolle und mit fehlsichtigen Ansprüchen an uns selbst.

Im Zustand der Verbundenheit jedoch können wir – getragen vom großen Gewebe des Lebens – die Dinge unverkrampft und mühelos *»durch uns«* geschehen lassen. Wir sind dann angebunden an eine höhere, transpersonelle Intelligenz und können unser persönliches Potenzial aus der Fülle unserer Ganzheit heraus entfalten – und nicht aus der Begrenzung des kleinen, abgespaltenen Ich. Statt angestrengt zu versuchen, jemand zu sein, dürfen wir in das befreiende Gefühl hinein entspannen, *niemand mehr sein zu müssen – und dabei alles zu sein.*

In diesem Erwachen zu einem größeren Selbst löst die übermäßige Kontraktion, hinein in die vergängliche Form des kleinen Ich mit all seinen Geschichten, Themen und Problemen, allmählich ihren eisernen Griff. Sie macht etwas Größerem Platz, sodass unsere wahre Natur durch all unser Tun und Wirken hindurchscheinen kann.

Denn wenn du erkennst, wer du *wirklich* bist und wie sich das Göttliche durch dich manifestiert, fallen all deine Ängste und kleinlichen Belange weg. Ganz natürlich und harmonisch schwingst du dich dann in den Rhythmus und Tanz der Lebensenergie ein. Du musst dazu nichts tun, nichts verändern oder an dir verbessern, sondern einfach nur mit dem fließen, was sich in diesem Moment, in jedem Moment, durch dich entfalten will.

Zu unserer wahren Natur erwachen

Der Weg in die Freiheit

Der Weg des Werdens ist im Weltbild der Tantriker stets ein Prozess der *Kontraktion.* Wir wissen aus den ersten Kapiteln: Das formlose EINE verdichtet sich hinein in die Individualität deiner und meiner Gestalt, in die flüchtige Erfahrung eines einzigartigen Körper-Geist-Systems. Im vorigen Kapitel haben wir gesehen, dass diese Kontraktion anfällig macht für allerlei Missverständnisse darüber, wer wir sind, und daraus resultierendes Lebensleid.

Glücklicherweise gibt es eine zu diesem Prozess gegenläufige Strömung der *Expansion:* Sie führt uns zurück zur Fülle und Ganzheit, aus der wir kommen, und mündet in dem, was wir »spirituelles Erwachen« nennen. In vielen östlichen Traditionen wird in diesem Zusammenhang auch der Begriff *Befreiung* verwendet. Allerdings gibt es recht unterschiedliche Auffassungen darüber, wovon genau wir uns befreien müssen.

Die asketischen Traditionen Indiens propagieren eine Befreiung durch Entsagung, die uns aus weltlichen Verstrickungen und körperlichen Bedürfnissen erlöst. Wir befreien uns von sinnlichen Erfahrungen, jeglichem Verlangen, dem Streben nach Genuss und den unkontrollierbaren Strudeln unserer Gedanken und Gefühle. Aber auch von unseren Ängsten und Illusionen, von all unseren menschlichen Anhaftungen und Abneigungen. Was bleibt, ist eine absolute, friedliche Stille, die das Leiden der Welt »transzendiert« und damit hinter sich lässt. Vollständige Befreiung ist nur im Jenseitigen zu finden.

Tantra sucht eine andere Form der Befreiung, die gewissermaßen eine 180-Grad-Wendung ist: Wir wenden uns nicht ab vom irdischen Dasein mit all seinen Freuden, Abgründen und Fallstricken, sondern stürzen uns mitten hinein. Die vielfältigen Erfahrungen des Lebens dienen uns als Portal in eine absolute Realität, die gleichzeitig transzendent und immanent ist – und auf beiden Ebenen gleichermaßen unser Zuhause. »Earth is home, and so is infinity«, schreibt Chameli Ardagh dazu, eine Pionierin der weiblichen Spiritualität. Die tantrische Art der Befreiung findet also vollständig verkörpert und ganz diesseitig mitten im Leben statt. Doch wovon befreien wir uns dann eigentlich?

Wir befreien uns von all den blinden Konditionierungen, nie hinterfragten Vorstellungen, kategorischen Bewertungen und limitierenden Glaubenssätzen, mit denen wir uns selbst in Ketten legen. Wir lösen uns von den immer gleichen Geschichten, die wir uns über uns selbst und das Leben erzählen, von verzerrten Konzepten und Gedankengebäuden, die uns »knechten«, weil sie nicht in Übereinstimmung mit der Realität sind.

Damit erlösen wir uns von dem ganzen zermürbenden Drama, das in unserem eigenen Kopf entsteht. So viel Leid in unserem Leben resultiert weniger aus schmerzlichen Erfahrungen oder äußeren Umständen als vielmehr aus unserer inneren Haltung dazu. Während ersteres oft außerhalb unserer Kontrolle liegt, ermächtigt uns der tantrische Weg zu einer bewussten Wahl bezüglich unseres inneren Zustands. Stark vereinfacht: Wir sind nicht immer verantwortlich für das, was uns widerfährt, wohl aber für das, was es mit uns macht.

Indem wir all unsere Vorstellungen und Urteile darüber, wie die Dinge zu sein haben, ablegen, schaffen wir Raum für eine offenherzige und freie Begegnung mit *allen* Aspekten des Lebens – den freudvollen ebenso wie den herausfordernden –, die Widerstand in Neugier und Angst in Freude verwandelt.

Ein Sprung ohne Fallschirm

Das Paradox ist ein grundlegendes Prinzip, das uns immer wieder im Tantra begegnet. So ist der tantrische Weg in die Freiheit unendlich schwierig und dabei gleichzeitig völlig mühelos. Tatsächlich fällt es uns unglaublich schwer, mit unseren seit frühester Kindheit erlernten Konditionierungen zu brechen, unsere Vorstellungen von der Welt, die wir kennen, über Bord zu werfen und alle Panzerungen abzulegen, um uns vollständig auf das Leben einzulassen.

Wir sind es gewohnt, die Welt als etwas wahrzunehmen, das uns »geschieht«, so als ob wir von innen durch die Fenster unserer Augen auf eine objektive Realität blicken. Was wir wahrnehmen, ist allerdings keine absolute Wirklichkeit, sondern nur unsere ganz persönliche Vorstellung davon – eingefärbt durch unzählige Filter, die aus sozio-kulturellen Prägungen und persönlicher Erfahrung entstehen.

»Wir sehen die Dinge nicht so, wie sie sind, sondern so, wie *wir* sind.« So formuliert es die Schriftstellerin Anaïs Nin.

Auch wenn es eine große Schnittmenge gibt in der Art, wie wir die Welt erleben, und damit eine (vermeintlich) gemeinsame Wirklichkeit, in der wir uns alle bewegen: Letztendlich erfährt jede und jeder Einzelne von uns seine eigene Welt.

Diese Erkenntnis gibt uns viel Macht und auch Verantwortung bezüglich unseres Lebens: *Wir erschaffen unsere eigene Realität.* Das heißt nicht, dass wir selbst daran schuld sind, wenn uns Schlimmes widerfährt. Es heißt, dass wir in der Lage sind, Einfluss auf unseren inneren Zustand zu nehmen. Dazu müssen wir unser Weltbild hinterfragen und unsere Wahrnehmung erweitern, klären und verfeinern. Erst dann können wir das, was uns widerfährt, aus einer unverzerrten Perspektive betrachten.

Voraussetzung für diese »Rekalibrierung« unseres Geistes ist das, was die Tantriker *shuddha vikalpa* nennen: ein ungetrübter Blick auf die Wirklichkeit, der nicht von unseren mentalen Konstrukten und den Konditionierungen unseres Körper-Geist-Systems eingefärbt ist. Wir ersetzen unsere irregeleiteten Ideen und Konzepte durch solche, die im Einklang stehen mit der absoluten Realität.

Zu den entscheidenden Vorstellungen, die es dabei abzulegen gilt, gehört die bereits im vorigen Kapitel geschilderte Überidentifizierung mit unserem vergänglichen Körper-Geist-System, dem kleinen Ich. Es fällt schwer, all die Bilder und Rollen, Mythen und Konzepte loszulassen, die wir um unsere Ego-Identität ranken, und trifft auf großen inneren Widerstand. Denn es verlangt von uns die mutige Bereitschaft, *niemand* zu sein, ein unbeschriebenes Blatt Papier, das offen und frei im Wind segelt.

Auf dem Weg des Tantra müssen wir vergessen, wer wir scheinbar sind, um uns zu erinnern, wer wir wahrhaftig sind. Lass deine ganze »problematische« Person los und erfahre dich als das, was du *wirklich* bist, grenzenloses Bewusstsein, glückselig pulsierend im Gewebe des Lebens.

Lass all deine Vorstellungen los darüber, wie die Dinge zu sein haben. Lass alle blinden Überzeugungen los, alles, was du zu wissen glaubst. Lass das Feuer des Bewusstseins alle zu Eis verhärteten Strukturen und erstarrten Muster deines Geistes schmelzen.

Das ist unendlich schwer, weil es dich selbst und deine Welt in jeder Weise infrage stellt. Wir sind aufgefordert, den allzu gewohnten Käfig unserer vorgefassten Meinungen und bewährten Konzepte zu verlassen, um in unbekanntes, offenes Terrain vorzustoßen. Es braucht Mut, unser mühsam aufgebautes Selbstbild einfach über Bord zu werfen, einen Ego-Tod zu sterben und uns im freien Fall ins Leben zu stürzen. Ohne Fallschirm, Fangnetz oder Unfallversicherung.

Wenn wir diesen Sprung ins Ungewisse allerdings erst einmal gewagt haben, stellen wir schnell fest, wie viel Anstrengung es uns gekostet hat, all die Vorstellungen und Glaubenssätze, an die wir uns so lange geklammert haben, aufrechtzuerhalten, und wie sehr sie unseren Blick und unser Herz eingeengt haben. Es ist wie ein Aufatmen, wenn endlich ein schweres Gewicht von uns genommen wird. Wir haben dieses Kettenhemd so lange getragen, dass wir es kaum noch wahrgenommen haben, und darüber vergessen, wie sich innere Weite und Freiheit anfühlt.

Das ist der mühelose Aspekt des tantrischen Wegs: Du musst nicht an dir *arbeiten,* um besser, reiner, spiritueller zu werden, sondern einfach nur etwas *loslassen.*

Wenn du dazu bereit bist, erwartet dich das Leben in neuer Frische, voller Freude und Spontanität. Du begegnest ihm frei und mit weitem Herzen, in fasziniertem Staunen über seine wundersame Schönheit, die sich nun überall offenbart.

Die tantrische Praxis

Auch wenn sich so einiges für Rückzug und Entsagung anführen lässt: Ich halte es für unsere Aufgabe, in der Welt zu wirken. Ein Leben im Ashram, hinter Klostermauern oder gar in einer Höhle im Himalaya erspart uns natürlich den ganzen Tumult, dem wir uns in unseren Städten, Berufen und Familien tagtäglich stellen müssen.

Doch welchen Segen bringt am Ende eine »private« Erlösung vom Leid unseres Daseins, wenn wir sie nicht mit anderen teilen? In meinem Leben finde ich Sinn und Erfüllung in den Beziehungen zu anderen Menschen, im Halten und Gehaltenwerden. Ich will leidenschaftlich leben und nicht entrückt.

Es scheint ein ungeschriebenes Gesetz, dass »Householder« die besten Lehrer sind für alle, die mit den Anforderungen des täglichen Lebens ringen, weil sie die Problematik aus erster Hand kennen. Ich selbst bin diesen Weg gegangen: mit zwei Kindern, Ehemann und Eigenheim, einem intensiven Sozialleben, dem Wunsch nach beruflichem Erfolg und spiritueller Verwirklichung. Das volle Programm eben.

Jahrelang habe ich unter einer gefühlten Spaltung gelitten – zwischen meinem spirituellen Suchen und dem fordernden, komplexen Dasein einer modernen, westlichen Frau des 21. Jahrhunderts. Es war, als ob meine weltlichen Aufgaben meiner Spiritualität im Wege stünden. Ich hatte oft das Gefühl, dass ich auf etwas Wichtiges verzichten und einen Teil von mir verleugnen muss, um den Ansprüchen meines Umfelds (und meinen eigenen!) zu genügen.

Die tantrische Spiritualität hat mir schließlich einen Weg aus dieser inneren Zerrissenheit gezeigt. Mit ihren feinstofflichen Methoden weist sie uns durchaus wirkungsvolle Wege in die mystische Erfahrung des Transzendenten. *Doch sie belässt es nicht dabei:* Es folgt eine Art Kehrtwende, die unser inneres Aufleuchten zurück ins Leben bringt und integriert.

Die zutiefst nicht-dualistischen Prinzipien von nahtlosem Kontinuum und »Sowohl-als-Auch« sind ein goldener Faden, der sich allerorts durch die Praxis zieht und sie mit dem Alltag verwebt. Ich durfte über die Jahre erkennen, dass meine weltlichen und oft allzu menschlichen Herausforderungen kein Stolperstein oder Hindernis auf dem Weg sind, sondern das allerbeste Trittbrett – und am Ende der Weg selbst.

Die spirituelle Praxis des Tantra ist radikal inklusiv, pragmatisch und adaptiv. Gestützt auf eine zeitlose Psychologie, arbeitet sie mit den Energien von Gefühl und Sprache. Jenseits jeder dogmatischen Strenge lädt sie ein zu körperlicher Erfahrung, Spontanität und Experimentierfreude. Man könnte sagen: Sie holt dich dort ab, wo du gerade stehst, zu einem Yoga rigoroser Präsenz, einem Yoga, das in *jedem* Moment deines Lebens stattfindet – am Schreibtisch und auf dem Meditationskissen, am Herd und im Bett, in der Natur ebenso wie am Bahnhof.

Dieser allgegenwärtigen Praxis gehören die beiden folgenden Teile des Buchs.

Schließ die Augen und nimm ein paar tiefe Atemzüge.

Die Göttin wartet auf dich.

Das Leben verstehen: die Essenz von Teil 1

Es begann mit einem bedingungslosen Ja: Grund und Ursprung des Lebens

Das erste Kapitel in drei Sätzen

Das Absolute Bewusstsein manifestiert sich als dieses unser Universum, um sich selbst in jeder möglichen Form und Gestalt zu erfahren. Es will das Leben in all seinen Höhen und Tiefen auskosten, freiwillig und voller Freude. Das EINE Absolute hat zwei Aspekte, die untrennbar miteinander verbunden und gemeinsam die Quelle aller Erfahrungen und Phänomene sind: Shiva und Shakti.

Vier wichtige Begriffe aus diesem Kapitel

Shiva – das männliche Prinzip: formloses, reines Bewusstsein, transzendenter Urgrund alles Seins, stilles, unvergängliches Gewahrsein
Shakti – das weibliche Prinzip: pulsierendes Bewusstsein, sich verdichtend zu Form und Gestalt, manifestierende Schöpferkraft, dynamische Energie in stetigem Wandel
transzendent – jenseits der Wahrnehmung unserer fünf Sinne und unseres Alltagsbewusstseins
immanent – allem innewohnend, was wir im Inneren oder Äußeren wahrnehmen können, sinnlich erfahrbar

Getragen im Gewebe des Lebens: die Welt, in der wir leben

Das zweite Kapitel in drei Sätzen

Wie Wellen erhebt sich eine unendliche Vielfalt einzelner Formen aus dem Ozean der Einheit. In der unendlichen Diversität dieses Universums ist alles von derselben göttlichen Substanz, leuchtendem Bewusstsein, und im großen Gewebe des Lebens miteinander verbunden. Wir sind innig gehalten in einem pulsierenden Feld der Liebe.

Vier wichtige Begriffe aus diesem Kapitel

dualistisch – Weltsicht unvereinbarer Gegensätze, in der sich zwei Polaritäten gegenseitig ausschließen
nicht-dualistisch – Weltsicht der unteilbaren Ganzheit des Universums, der Einheit und Verbundenheit aller Dinge unterhalb ihrer augenscheinlichen Vielfalt
Metaphysik – beschreibt das hinter der sinnlich erfahrbaren, natürlichen Welt Liegende, den Ursprung und die großen Zusammenhänge des Lebens
Paradox – ein für den rationalen Verstand nicht fassbarer Widerspruch, der trotzdem Sinn macht

Das Leben lebt sich durch dich: erkenne, wer du wirklich bist

Das dritte Kapitel in drei Sätzen

Du bist das EINE Absolute, das sich in der einzigartigen, vergänglichen Form deines Körper-Geist-Systems selbst erfährt. Es lebt in dir, als du, durch dich. Leider vergessen wir Menschen unsere wahre göttliche Natur aufgrund verschiedener Fehlinterpretationen der Realität und erfahren uns als unbedeutendes, separates Individuum.

Vier wichtige Begriffe aus diesem Kapitel

Prakasha – leuchtendes Bewusstsein, auch »Licht des Bewusstseins«, das die göttliche Grundsubstanz des Universums mit all seinen Formen und Phänomenen ist
Virmarsha – Fähigkeit, sich seiner selbst bewusst zu sein und damit das Licht des Absoluten Bewusstseins zu reflektieren, wie sie in höheren Lebensformen angelegt ist
Spanda – Vibration, schöpferischer Puls von Kontraktion und Expansion, von Werden und Vergehen, dem alles im Universum unterliegt
Mala – Wahrnehmungstrübung, die uns Menschen in der Illusion des separaten Individuums hält (Anmerkung: Das Wort hat nichts mit Gebetsketten zu tun und spricht sich mit zwei kurzen »a«.)

Zu unserer wahren Natur erwachen: die Praxis als Weg in die Freiheit

Das vierte Kapitel in drei Sätzen

Ziel der tantrischen Praxis ist, die Überidentifizierung mit unserer vergänglichen Ego-Identität abzulegen und zu unserer wahren Natur zu erwachen. Dazu lassen wir alle Vorstellungen los, die nicht im Einklang mit der absoluten Realität stehen, wie z. B. limitierende Selbstbilder und dualistische Konditionierungen. Als weltzugewandte »Householder-Tradition« bietet uns Tantra hierzu pragmatische Techniken, die sich in jeden Moment des täglichen Lebens integrieren lassen.

Vier wichtige Begriffe aus diesem Kapitel

Kontraktion – zusammenziehen: manifestierender Impuls der Verdichtung hinein in Form und Gestalt
Expansion – ausdehnen: auflösende, aus der Begrenzung der Form befreiende Gegenbewegung zurück zur Einheit und absoluten Fülle
shuddha vikalpa – reines (shuddha) mentales Konstrukt, Idee oder Vorstellung (vikalpa) in Übereinstimmung mit der absoluten Realität und unserer wahren Natur
inklusiv – miteinbeziehend: Ausnahmslos alle Aspekte des Lebens, egal, wie profan, düster oder unheilig sie erscheinen, werden in die spirituelle Praxis integriert.

TEIL 2

Das Leben erfahren – Der Tanz der Polaritäten

Die ewige Stille durchbrechen – wie die Göttin in die Welt kam

Die Heilige Hochzeit von Shiva und Sati

Der zweite Teil dieses Buchs beginnt hoch oben im Himalaya, auf dem heiligen Berg Kailash. Hier sitzt eine stille, ausgezehrte Gestalt auf einem Felsen, nur mit einem Lendenschurz bekleidet, die Beine im Lotossitz verschränkt, bewegungslos, umgeben von den Nebeln des frühen Morgens. Es ist Shiva, der »Glück Verheißende«, der so viele Namen trägt. Seit langer Zeit, viele Jahrhunderte womöglich, hat er sich in die unendliche Stille seines Inneren zurückgezogen.

Sein Blick ist halb geschlossen, sein Atem scheint stillzustehen. In der Ferne grast Nandi, Shivas alter, weißer Bulle, schläfrig den einen oder anderen Gedanken wiederkäuend. Diese stille, einsame Gestalt, so sagen die *Rishis* (Seher), ist die Leere, der unendliche Raum, aus dem alles entsteht und in den alles wieder zurücksinkt.

Doch Shiva, der sich so gerne für endlose Tage in sich selbst versenkt, hat eine wichtige Aufgabe im großen Gefüge des Universums: Er ist der große Wandler, der Erneuerer, in dessen Feuer sich die Dinge auflösen, um dann in neuer Form und Gestalt wiedergeboren zu werden. Wenn er seine Aufgabe nicht erfüllt, beginnt sich die Welt zu verdunkeln und die *Asuras,* die dämonischen Kräfte des Universums, erstarken in Gier und Machthunger. Kurz: Die Welt gerät außer Balance.

Als sich die Lage immer weiter zuspitzt, ziehen der Schöpfergott Brahma und Vishnu, der goldene Bewahrer des Kosmos, verzweifelt zu *Mahadevi,* der großen Mutter. Sie allein, die schöpferische Urkraft des Lebens und der Natur, hat die Macht, Shiva aus seiner meditativen Versenkung zu reißen.

Brahma und Vishnu kommen also zu den Lotosfüßen der Göttin, fallen vor ihr nieder und küssen ihre milchweißen Zehen.

Überwältigt von ihrer überirdischen Schönheit bringen sie in verwirrtem Stammeln und unter sehnsüchtigen Tränen ihre Bitte vor: Die Göttin soll sich zu Form verdichten, verkörpern und Shiva mit den verführerischen Kräften des Weiblichen aus seiner Meditation herauslocken, auf dass er wieder in die Welt zurückkehrt und am Leben teilnimmt.

Die Göttin, großherzig und voller Liebe, ist einverstanden, aber nur unter einer Bedingung: Götter wie Menschen müssen aufhören, das Weibliche zu unterdrücken. Sie müssen es in Ehren halten als die heilige Schöpferkraft des Universums, ihm huldigen als der Puls und Atem aller Lebewesen.

Wenn sie sich jedoch nicht daran halten, wird sie sich, ohne zu zögern, zurückziehen und die Welt verlassen. Und all die lebendige Schönheit, Liebe und Fülle, die sie verkörpert, mit sich nehmen. Die Götter stimmen sogleich hoffnungsvoll und freudig zu – die Vereinbarung steht.

Die Göttin nimmt also Gestalt an. Sie wird dem brahmanischen Priester Daksha als seine Tochter Sati geboren. Eine unheilvolle Wahl, wie sich noch herausstellen wird: Denn Daksha ist ein ultraorthodoxer Hüter der Sittsamkeit, religiösen Regeln und Rituale. Er vertritt eine patriarchalische Spiritualität, in der Strenge und Läuterung den Ton angeben. Das Weibliche – spontan, kreativ, überfließend – macht ihm Angst.

Sati wächst in Dakshas Haushalt heran. Bereits in jungen Jahren hat sie Visionen einer Gestalt, die sie mit drei leuchtenden Augen hypnotisiert. Der Ganges entspringt ihren wilden, langen Haaren, Schlangen winden sich um die sehnigen Arme. Sie sieht diese gleichzeitig verstörende und betörende Erscheinung an dunklen Orten und Verbrennungsstätten, umgeben von Kobolden und Geistern, eine Kette aus Schädeln um den Hals.

Eines Nachts hört sie den Namen dieser Gestalt im Traum … *Shiva,* flüstert sie im Schlaf, *Shiva* … und fährt im Bett hoch, erschrocken und seltsam berührt vom sinnlichen Klang dieser zwei Silben.

Als Sati langsam zur jungen Frau heranwächst, erwacht in ihr ein unstillbares Verlangen, der Gottheit ihrer Träume zu begegnen. Mit sechzehn schließlich verlässt sie ihr Zuhause und geht in die Wälder, um hier, ungestört von den Augen der Welt, ihrer tiefen, spirituellen Hingabe zu frönen.

Ganze Tage lang chantet sie den geheimnisvollen zweisilbigen Namen, bis jede Zelle ihres Körpers davon vibriert. Wenn es dunkel wird, entzündet sie ein Feuer und bringt Kräuter und Ghee als Opfergaben für ihren mystischen Geliebten dar. Sie tanzt langsam zum Rhythmus seines Atems, den sie manchmal auf ihrer Haut spürt. Nachts träumt sie von ihm.

Lange Monate vergehen mit dieser intensiven *Sadhana* (spirituellen Praxis), bis Sati an einem nebeligen Herbstmorgen bei ihren Streifzügen durch den Wald auf eine unbekannte Lichtung kommt. In ihrer Mitte ragt aus einer leuchtenden Erdspalte ein mächtiger, aufstrebender Fels. Es ist das *Lingam,* Symbol für Shivas formlose Gestalt.

Ihr ganzes Leben scheint Sati nur auf diesen Moment gewartet zu haben. Ohne zu zögern, setzt sie sich nieder und versinkt in tiefer Meditation. Furchtlos lässt sie sich tiefer und tiefer in ihre innere Unendlichkeit hineinfallen, die allumfassende Stille und Leere in ihr, die Shiva ist, wie sie plötzlich ganz klar erkennt.

Und wie sie sich diesem grenzenlosen, leuchtenden Raum hingibt, öffnet sich dieser und nimmt sie auf: Shiva selbst umfängt sie in seiner ungeheuren Tiefe.

Eine gefühlte Ewigkeit lang bleibt Sati in dieser innigen Umarmung, bis sie plötzlich den sanften, vertrauten Atem des EINEN auf ihrem Gesicht spürt und langsam die Augen öffnet. Shiva sitzt vor ihr, in seiner schönsten und strahlendsten Gestalt. Ihre Blicke verschmelzen in endloser Liebe – endlich sind sie vereint.

Zur Unbill ihres strengen Vaters kehrt Sati nicht nach Hause zurück. Stattdessen folgt sie Shiva hinauf in sein Refugium auf dem Kailash. Dort vollziehen sie die Heilige Hochzeit und verbringen ungezählte Jahre in der Ekstase innigen Liebesspiels. Diese sinnliche Verschmelzung des Männlichen mit dem Weiblichen erfreut

die Götter, bringt sie doch Shiva zurück ins Leben und das Universum in seine Balance.

Die düsteren, dämonischen Kräfte beginnen zu weichen – die Ganzheit ist wiederhergestellt.

Meditation: die innere Unendlichkeit

Schließe deine Augen und lass in deinem Inneren das Bild von Sati entstehen, die auf der stillen Waldlichtung vor dem ***Lingam*** meditiert. Visualisiere für einen Moment diesen mächtigen Felsen, der aus einer leuchtenden Erdspalte herauszuwachsen scheint.

Bring dann deine Aufmerksamkeit auf den Zentralkanal, der sich zwischen Beckenboden und Kopfkrone den Weg durch dein Innerstes, deine Mitte bahnt. Spüre den Atem hier als Energiestrom: die Einatmung vom Scheitel abwärtsströmend in die Wurzel, die Ausatmung von dort aufsteigend, zurück durch die Kopfkrone.

Während dein Atem auf diese Weise weiterfließt, bring die Aufmerksamkeit jetzt auf dein Drittes Auge, den Raum im Zentrum deines Gehirns, zwischen und hinter deinen Augenbrauen.

Dein Atem fließt immer noch ganz wie von selbst durch den Zentralkanal, während du hier im Zentrum zwischen den Augenbrauen ruhst, dem Portal zu deiner inneren Unendlichkeit ... Tritt ein. Lass dich langsam hineinsinken. Werde grenzenloser, weiter mit jeder Ausatmung. Geh noch weiter ... Lass dich fallen in die Umarmung des EINEN.

Kannst du den Moment der Innigkeit mit dir selbst wahrnehmen?

Bleib, bis du spürst, dass die Welt dich zurückruft.

Du kannst dem Leben nicht entkommen

Während Shiva und die Göttin auf dem Kailash ihrer Liebe frönen, ist Satis Vater Daksha völlig konsterniert über die unorthodoxe Ehe seiner Tochter. Nach langen Jahren exzessiven Studiums gilt er als *der* Hüter religiöser Zeremonien und Opferrituale. Wie kein anderer kann er die heiligen Verse der *Veden* rezitieren.

Um seine Ehre nach dem Verlust der Tochter wiederherzustellen, plant er nun das aufwendigste Ritual, das die Welt je gesehen hat. Es soll seine Macht und Position untermauern. Es soll perfekt sein in jedem Detail und sein Publikum über die vermeintlichen Unvollkommenheiten der Welt hinaus ins Absolute führen.

Er lässt also eine überaus prunkvolle Zeremonienhalle errichten und verschickt Einladungen an alle Götter, Nymphen und sonstigen himmlischen Wesen.

Sati unterdessen fühlt sich oben auf dem Kailash etwas einsam. Als sie von den geplanten Festlichkeiten hört, erwacht in ihr die Hoffnung, dass ihr Vater das Ritual geplant hat, um eine Versöhnung herbeizuführen und endlich ihren Ehemann anzuerkennen. Sie malt sich aus, wie sie mit Shiva als Ehrengast auf dem Fest erscheint, und wartet ungeduldig auf eine Einladung. Doch die Wochen vergehen und ihre Hoffnung beginnt zu schwinden. Wenige Tage vor dem Ritual wird ihr schließlich klar, dass ihr Vater ganz bewusst alle außer ihnen beiden zum Fest gebeten hat, dass sie und ihr »anrüchiger« Ehemann nicht willkommen sind.

Am Tag der großen Festlichkeiten erwacht Sati mit einem Gefühl von Kränkung und Schmerz. Sie verkündet, dass sie am Ritual auch ohne Einladung teilnehmen wird und dass Töchter keine Einladung brauchen, um ihre Familie zu besuchen.

Shiva bittet sie eindringlich, nicht zu gehen, doch Sati lässt sich nicht davon abbringen. Sie will ihren Vater in Gegenwart all seiner illustren Gäste zur Rede stellen, und kein Drohen und Flehen kann sie daran hindern.

Shiva indes will nicht nachgeben und schließt schließlich entnervt die Augen, um sich Satis wütenden Ausführungen zu entziehen. Als er sie wieder öffnet, ist Sati verschwunden. Vor ihm steht stattdessen die dunkle, blutüberströmte Gestalt Kalis.

Zutiefst erschrocken wendet sich Shiva zur Flucht und begegnet hinter sich einer weiteren Göttin, die ihn – eine Keule in der Hand – zu paralysieren scheint. Wohin auch sein angstvolles Auge wandert, egal, in welche Richtung er zu entkommen sucht: Die Göttin stellt sich ihm in stets neuer Form in den Weg.

Ihre Gestalten sind mal blutjung und dann wieder greise und verblüht. Sie sind verführerisch anmutig oder auch faszinierend hässlich. Mal wild und furchterregend, mal mütterlich sanft. *Es sind die zehn Mahavidyas, die großen Weisheitsgöttinnen des Tantra, die ihm jeden Ausweg versperren.*

»Sati, Geliebte, wo bist du?«, stammelt Shiva entsetzt. »Erkennst du mich nicht?«, antwortet Sati aus zehn Mündern, und schaurig hallt ihr Lachen über den Kailash. »Ich bin alles, was du siehst, und wohin auch immer du gehst, du wirst *mir* begegnen. Ich bin das Leben selbst in all seinen Formen, ich nehme jede Gestalt an, die mir in den Sinn kommt. Ich bin die Freude und der Schmerz, die Liebe und der Schrecken, die Weisheit und die Verblendung. Schließ ruhig die Augen und verstecke dich auf dem Kailash in tiefer Meditation. Am Ende gibt es kein Entrinnen … Du kannst mir nicht entkommen!«

Von Ehrfurcht ergriffen, gibt Shiva schließlich klein bei und ruft seinen treuen Bullen Nandi, damit dieser Sati in gewohnter Gestalt zur Zeremonienhalle ihres Vaters bringt. Seine ergebensten Diener begleiten die Geliebte, die mit großem Pomp, wehenden Bannern und tönenden Muschelhörnern von dannen zieht. Shiva sieht der Prozession still nach, und eine einzelne Träne rollt über seine Wange. Er weiß, dass er Sati nie wiedersehen wird.

Die Göttin und ihr Gefolge ziehen indes den Himalaya hinab, geradewegs zur großen Zeremonienhalle, wo das Opferritual bereits in vollem Gange ist.

Als Sati bebend vor Zorn die dicht bevölkerte Halle betritt, senken sich alle Augen in Scheu und Furcht vor dem, was kommen wird. Eine unheimliche Stille legt sich über die Szene.

Daksha steht vorne am Altar, prächtig anzusehen in seinen edelsten Gewändern, umgeben von reich verzierten Opferschalen. Seit Stunden chantet er die heiligen Hymnen, in perfektem Rhythmus, ohne je eine einzige Silbe zu verschlucken.

Doch nun, zum ersten Mal in seinem Leben, bricht er mitten im Vers ab. Er kann den schmerzerfüllten Blick im Gesicht seiner einst so geliebten Tochter nicht ertragen – und verstummt.

Gefährlich grollend tönt die klare Stimme der Göttin durch die totenstille Halle: »Vater, wie kannst du ein Ritual für das Allerhöchste abhalten ohne die Ganzheit selbst? Wie kannst du hier stehen und Verse rezitieren, wenn doch das lebendige Heilige in dieser größten aller Zeremonien keinen Raum findet? Wie kannst du die Liebe und Fülle des Lebens, ja, das Weibliche selbst, deinen erstarrten Ideologien opfern? Du hast mich und meinen Gemahl zutiefst gekränkt!«

Daksha jedoch wendet sich ihr voller Verachtung zu: »Den Gemahl, den du dir gewählt hast, kann man wohl kaum kränken!«, höhnt er. »Shiva, der auf Friedhöfen abhängt, gemeinsam mit Dieben, Geistern und anderen Unholden! Der sich mit der Asche der Toten einreibt! Und der auf den Straßen bettelt mit einem Totenschädel als Schale! – Nein, meine Liebe, Shiva ist eine Beleidigung für diese Zeremonie. Ihr beide werdet hier niemals willkommen sein oder auch nur einen Fuß in mein Haus setzen!«

Ein Schauer durchläuft Satis Körper, als sie Dakshas Worte hört. Genau davor hatte die Göttin gewarnt, als Brahma und Vishnu sie baten, zu inkarnieren: Wenn das Weibliche unterdrückt und verleugnet wird, wird sie sich zurückziehen.

Und die Göttin hält ihr Wort.

Schweigend, ohne den Blick von ihrem Vater zu wenden, nähert sich Sati in langsamen Schritten rückwärts dem großen Opferfeuer. Und ohne einen Moment des Zögerns lässt sie sich in die lodernden Flammen fallen.

In diesem Moment öffnet Shiva – hoch oben auf dem Kailash – sein Drittes Auge. Er hat in seinem Inneren gesehen, was passiert ist, und in seiner unendlichen Stille erhebt sich ein mächtiger Sturm – so wild und unkontrollierbar wie das weibliche Prinzip, das Daksha so verzweifelt zu unterdrücken versucht.

Seine Wut schäumt vom Nabel aufwärts und entspringt seinem Herzen als der schreckliche Dämon Virabhadra, der seinen Namen den Kriegerhaltungen des Yoga gegeben hat. Er ist die Verkörperung von Shivas gewaltigem Zorn.

Mit tausend bewaffneten Klauen schießt er heulend den Berg hinab, geradewegs zur Zeremonienhalle. Dort angekommen, legt er den prunkvollen Raum in Schutt und Asche, und inmitten des Chaos von fliehenden Gästen und brennendem Gebälk findet Virabhadra den bleichen, erstarrten Daksha, der immer noch am Altar steht. Mit einem einzigen fürchterlichen Hieb trennt er ihm den Kopf ab.

Schwer atmend kommt er dann taumelnd zum Stehen. Jetzt, wo Dakshas Blut vergossen ist, scheint ihn alle Kraft zu verlassen, und mit einem letzten tiefen Seufzer fällt er schließlich in sich zusammen und sinkt zurück in die stille Leere, aus der er entstanden ist.

Zurück bleibt die rauchende Ruine der einst prächtigen Halle, der Boden mit Blut getränkt. Und im Feuer die schwelenden Überreste des Körpers der Göttin ... Das Heilige Weibliche geopfert der Gier nach Macht und Status, geopfert dem religiösen Dogma.

Mit diesem Opfer beginnt sich die Finsternis erneut über die Welt zu legen. Asche verdunkelt den Himmel wie nach einem schrecklichen Vulkanausbruch.

Die Göttin ist fort.

Fröstelnd beginnt sich Shiva oben auf dem Kailash langsam im Rhythmus seines Atems zu bewegen. Seine Haut leuchtet weiß in der Schwärze der Nacht. Er begibt sich zur zerstörten Zeremonienhalle, holt die verkohlten Überreste seiner Geliebten aus dem Feuer und legt sie sich über die Schulter.

Und zum Erstaunen der letzten versprengten Gäste, die sich

noch in der Dunkelheit verbergen, beginnt er einen langsamen, seltsamen Tanz. Seine Zehen malen geheimnisvolle Symbole in den Staub, vier Arme erheben sich von seinem Körper in magischen *Mudras* (Handgesten), die niemand außer ihm verstehen kann. Immer wilder wird sein *Tandava* (göttlicher Tanz), bis Shivas verfilzte Locken in alle Richtungen fliegen, sein Körper zuckend, sich windend, heulend in einer abgrundtiefen Trauer, die die Erde erschauern lässt. Über das ganze Land weitet er seinen Tanz aus, mächtige Flüsse und Täler mit einem einzigen Sprung überquerend.

Doch wohin er auch geht, er kann seinem Schmerz nicht entkommen. Er, der Herr des Yoga und der absoluten, inneren Stille, begegnet der Göttin in jedem Tanzschritt und jeder Geste. In jedem Atemzug, in all seiner Wut und Traurigkeit. Was immer sein Auge erblickt, er sieht das Gesicht der Geliebten.

So heftig ist Shivas Tandava, dass Teile von Satis verbranntem Körper zu Boden fallen, bis schließlich ihre Überreste über ganz Indien verteilt sind, wo sie bis heute heilige Stätten markieren. Erst als der letzte Teil ihrer einst so herrlichen Gestalt gefallen ist, kommt Shiva zur Ruhe. Erschöpft sinkt er in sich zusammen, um sich schließlich langsam seinen Weg zu suchen, zurück auf den Kailash. Dort angekommen, nimmt er seinen Sitz ein und versinkt erneut in tiefer Stille.

Und diese Stille wird andauern, bis die Göttin wieder zurückkehrt, um Shiva erneut ins Leben zu locken. Doch dies ist eine Geschichte für einen anderen Tag …

Die Göttin als Schlüssel zu einer lebendigen Spiritualität

Das weibliche Prinzip: Medizin für eine Welt außer Balance

Die Geschichte von Shiva und Sati erzählt von einer Welt, die im Ungleichgewicht ist. Die Opferung des Heiligen Weiblichen findet in uns selbst ebenso statt wie im Äußeren und lässt uns am Ende fröstelnd zurück auf dem Kailash, weil die Göttin fort ist und mit ihr die ergreifende Schönheit des Lebens.

Du hast Shiva und Shakti bereits im ersten Teil des Buchs kennengelernt als Symbole für die zwei grundlegenden Polaritäten des Lebens: das männliche und das weibliche Prinzip. Ihr harmonisches Zusammenspiel ist Quelle und Fundament für jedes Phänomen und jede Erfahrung in diesem Universum.

Ich habe bereits im ersten Teil des Buchs darauf hingewiesen, dass es hier nicht um biologische Geschlechter, sondern um übergeordnete Prinzipien geht, die in jeder und jedem von uns wirken. Und doch können wir das in der Mythologie veranschaulichte dynamische Spannungsfeld von Shaktis sprudelnder, emotionaler Energie und Shivas stiller, zurückgezogener Klarheit immer wieder als typische Muster in unseren Partnerschaften beobachten.

Auf der Ebene des Absoluten steht das *Heilige Männliche* für reines, formloses Bewusstsein.

In uns selbst begegnen wir ihm in unserer Shiva-Natur, himmelwärts strebend, ins Transzendente, oft begleitet von dem Wunsch nach *Ungebundenheit* und der Tendenz, sich den Verstrickungen des Lebens zu entziehen. Ohne die erdende Gegenkraft des Weiblichen führt uns der Weg des Männlichen »up and out«. In seiner integrierten Form jedoch schenkt es uns innere Ausrichtung durch

Intention, Shivas konzentrierten »Laser-Mind«-Fokus und die erhellende Klarsicht des Dritten Auges.

In der äußeren Welt zeigt sich das männliche Prinzip in jeder Form von Struktur, Ordnung und intellektueller Klarheit. Es gibt den nötigen Rahmen vor für alle kreativen Prozesse, für soziales Miteinander und das ganze kosmische Gefüge.

Wenn wir vom männlichen Prinzip in der Spiritualität sprechen, meinen wir üblicherweise einen Weg religiöser Läuterung und Strenge, oft verbunden mit Entsagung und Rückzug aus der Welt. Die asketischen Traditionen Indiens sind ebenso Beispiel dafür wie die klösterlichen Orden in Ost und West.

Ein Überhang des Männlichen, wie wir ihn auf diesem Planeten seit vielen Jahrhunderten erleben, hat destruktive Folgen. Er verfestigt sich in religiösem Dogma, unerbittlicher Rigidität und dem starren Festhalten an patriarchalischen Paradigmen. Diese »toxische Maskulinität«, wie sie im modernen Sprachgebrauch oft genannt wird, bringt viel Aggression und Gewalt sowie Machtstreben, Egozentrik und Ausbeutung mit sich.

In der Shiva-Sati-Mythologie ist Daksha ein typischer Vertreter des entgleisten männlichen Prinzips. Er ist im Äußeren Sinnbild für all jene Priester und Religionsführer, die in prächtigen Gewändern und prunkvollen Gotteshäusern überall auf der Welt Liturgien und Rituale durchführen, die nur noch leere Hüllen sind, weil ihnen das *lebendige Heilige* des weiblichen Prinzips fehlt. In unserem Inneren vertritt Daksha all jene Anteile von uns, die zu erstarrten Strukturen verhärtet sind. Dazu gehören viele unserer Überzeugungen von richtig und falsch sowie nie hinterfragte gesellschaftliche Normen und religiöse Vorstellungen.

Das *Heilige Weibliche* ist Synonym für Bewusstsein, das sich in Form und Gestalt ausdrückt.

In unserem Leben steht das weibliche Prinzip für Liebe, Kommunikation, Beziehung und Verbundenheit. Es ist der mütterliche, nährende und bewahrende Aspekt in uns allen, der uns einen Weg der Inklusion und Integration weist. So wie eine Mutter all ihre Kinder liebt und nicht nur die »wohlgeratenen«, die den gängigen Konventionen entsprechen, schließt die Göttin *alle* Anteile unseres komplizierten Daseins ins Herz.

In unserer inneren Welt erweckt das weibliche Prinzip Kreativität und Sinnlichkeit. Es ist Sinnbild für die uns innewohnende Schöpferkraft, die sich ihren Ausdruck in Sprache und Gestaltung sucht, die lebendige Energie unserer Gefühlswelt und ein intuitives, natürliches Zu-Hause-Sein im eigenen Körper.

Der weibliche Weg führt uns nicht himmelwärts, wie der männliche, sondern in die Tiefe: erdwärts, hinab in die Dunkelheit, ins Irdische, Inkarnierte. Er wird beschrieben in den uralten Mythologien der sumerischen Göttin Inanna und der griechischen Persephone.

In der Spiritualität weist uns das weibliche Prinzip einen weltzugewandten Weg der Weisheit und des Mitgefühls: Beispiel hierfür sind die Jungfrau Maria und die weiblichen Gottheiten des Buddhismus, wie die tibetische Tara und die chinesische Guanyin.

Auch das weibliche Prinzip bedarf der Regulation durch seinen Gegenpol. Wenn es außer Balance gerät, wird es haltlos und chaotisch, und seine schöpferische Kraft schlägt ins Destruktive um. (Der im ersten Teil des Buchs erwähnte Blutrausch der Göttin Kali ist eine treffende mythologische Beschreibung für diesen Zustand.)

Es gibt ein sehr eingängiges Bild, das das Zusammenspiel der beiden heiligen Polaritäten beschreibt. Im ersten Teil des Buchs haben wir die Bedeutung von Tantra als *Gewebe* kennengelernt. Im großen Gewebe des Lebens bildet das männliche Prinzip den im Webrahmen längs gespannten, vertikalen, bewegungslosen Kettfaden, der dem Stoff Halt und seine Struktur gibt. Das weibliche Prinzip hingegen wird symbolisiert durch den quer laufenden, horizontalen Schussfaden, der in rhythmischen Wellen Farben und Muster entstehen lässt. Beide gemeinsam schaffen eine Welt voller lebendiger Schönheit, in der Ordnung und Kreativität in perfekter Balance sind.

Leider jedoch erleben wir seit langem schon eine massive Dominanz des männlichen Prinzips. Alle fünf Weltreligionen sind in patriarchalischen Strukturen gefangen, die dem Weiblichen nur wenig Raum gewähren. Dieses seit mehr als zwei Jahrtausenden andauernde Ungleichgewicht hat diesem Planeten viel Leid und Zerstörung gebracht, was sichtbar wird in der gnadenlosen Ausbeutung von »Mutter Natur« und der kulturübergreifenden Unterdrückung alles Weiblichen.

Überall auf der Welt hat der Versuch, die kraftvolle weibliche Energie zu kontrollieren, zu unsäglichen Verbrechen gegen Frauen und Mädchen geführt. Erschütternde Beispiele hierfür sind europäische Hexen- und indische Witwenverbrennungen, islamische Ehrenmorde, afrikanische Beschneidungsrituale, chinesische Fußverstümmelung, Zwangsverheiratungen und Mädchenhandel ... Die deprimierende Aufzählung ließe sich noch lange fortsetzen.

Doch nicht nur Frauen leiden an der Verdrängung des Weiblichen, die uns zu Fremden macht – im eigenen Körper und auf diesem Planeten. Egal, welchen Geschlechts, wir alle opfern das Heilige Weibliche auf dem Altar von Macht und Ego, wenn wir gefangen sind in unseren erstarrten Vorstellungen und Konzepten. Wenn unser Verstand Sklave unbewusster Konditionierungen ist. Wenn wir beurteilen und analysieren, anstatt mit allen Sinnen die wortlose Heiligkeit der Schöpfung wahrzunehmen. Wenn Profit mehr zählt als Liebe und Rationalität mehr als Gefühl.

Und genau wie in den alten Geschichten beschrieben, können wir überall beobachten, was geschieht, wenn sich die Göttin zurückzieht: Schönheit und Fülle schwinden – denk an Flüchtlingsströme, Artensterben und brennende Amazonaswälder, den Klimawandel und die Vermüllung der Ozeane. »*The repression of the feminine has led to a planet on the edge of collapse. The re-emergence is going to be a dance to behold.*« Dieses Zitat der Umweltaktivistin Clare Dakin kann als Ruf nach einer neuen, weiblicheren Spiritualität verstanden werden, in der wir Menschen von der »Krone der Schöpfung« wieder zum Teil des großen, lebendigen Körpers dieses Planeten werden.

Die Balance zwischen den Polaritäten wiederherzustellen, die Heilige Hochzeit in uns zu vollziehen und das Weibliche im Inneren wie im Äußeren zu würdigen, ist womöglich die wichtigste Aufgabe unserer Zeit. Es ist ein Weg der Heilung, der uns zurückführt in die Ganzheit, aus der alles entstanden ist.

Göttinnen-Praxis: mit den Energien des Lebens tanzen

Für uns moderne Europäer ist das bunte indische Götterpantheon unüberschaubar und zuweilen befremdlich, denn es ist in vielerlei Hinsicht höchst konträr zu unserer eigenen monotheistischen Religion. In unserem Kulturkreis verstehen wir das Göttliche als ehrwürdigen »Vater«, von dem wir uns kein Bildnis machen sollen. (Und wenn wir es doch tun, erscheint er uns als alter Mann mit weißem Bart.)

Im Hinduismus hat das Göttliche viele sehr unterschiedliche Gesichter, die allerorts bildlich dargestellt werden. Indische Gottheiten sind männlich oder weiblich, tragen Elefantenköpfe oder begegnen uns im Körper eines Affen. Sie haben zwei Arme, vier oder noch viel mehr, die Mudras formen und symbolische Gegenstände halten. Sie kommen auf allerlei möglichen oder unmöglichen Reittieren daher – von Ganeshas Maus über Durgas Tiger bis zu Vishnus goldenem Adler ist quasi alles dabei. Oft sind sie als Götterpaar unterwegs: Die männliche Gottheit und ihre Shakti erfüllen gemeinsam bestimmte Funktionen im kosmischen Gefüge. Die bekanntesten Beispiele sind Brahma und Sarasvati als Schöpferpaar, Vishnu und Lakshmi als erhaltende Instanz sowie Shiva und Parvati als transformierende, erneuernde Kraft des Universums.

Im patriarchalischen System des klassischen Hinduismus finden sich weibliche Gottheiten typischerweise als Gefährtinnen männlicher Götter. Anders in den Traditionen des *Shakta-Tantra:* Hier ist die Göttin eine unabhängige Instanz, und wenn sie mit Shiva gemeinsam abgebildet wird, dann dominiert sie ihn in der Regel, indem sie auf ihm thront, steht oder tanzt.

Tantrische Göttinnen, wie die zehn Mahavidyas, kommen, im Gegensatz zum Stereotyp des Weiblichen, nicht nur sanftmütig, wunderschön, reich geschmückt und mit Lotosblüte im Haar daher. Sie sind herausfordernd wild, herausfordernd sexy, herausfordernd unangepasst. Das macht sie zu zeitgemäßen Ikonen für die langersehnte Wiederentdeckung des weiblichen Prinzips als unbezwingbare, ekstatische Kraft des Universums.

Auch wenn das Heilige Weibliche gerne in Gestalt dargestellt wird: In der Göttinnen-Praxis geht es nicht um Götzenanbetung. »Nur Gott kann Gott anbeten«, lautet ein tantrisches Sprichwort, das uns darauf hinweist, dass wir das Göttliche – egal, in welcher Form – nicht außerhalb unseres Selbst suchen müssen.

Die verschiedenen Gestalten der Göttin sind allesamt Shakti, Energie, und Göttinnen-Praxis ist am Ende nichts anderes als *Energiearbeit.* Du kannst dir jede der Göttinnen als universelle Energiesignatur oder kosmisches Schwingungsmuster vorstellen. Ihre spezifische Energie zeigt sich in den Zyklen der Natur, Wetterphänomenen und physikalischen Gesetzen ebenso wie in kulturellen, gesellschaftlichen und politischen Strömungen. So gibt es Göttinnen wie Kali, die sich als Gewittersturm, Vulkanausbruch oder Revolution manifestieren, während andere – zum Beispiel die Lotosgöttin Kamala – mit Blüte, Ernte und Leben spendendem Regen assoziiert werden.

Auf persönlicher Ebene manifestiert sich das jeweilige Energiemuster als archetypischer Prozess der menschlichen Psyche, das heißt, jede Göttin ist sowohl eine übergeordnete kosmische Kraft als auch ein Anteil von dir selbst. Ebenso wie alles andere in diesem Universum *bist du die Göttin.* Die Einheit von Gottheit und Praktizierendem ist eines der grundlegenden Prinzipien des nicht-dualistischen Tantra. *Du bist, was du suchst.*

In der tantrischen *Sadhana* (spirituellen Praxis) lernen wir, uns die großen, universellen Energien des Lebens ganz pragmatisch zu erschließen, indem wir ihnen Name und Gesicht geben. Das muss nicht immer eine ikonografische Visualisierung als *Murti,* das heißt in Menschengestalt sein. Die abstraktere Form der jeweiligen Göttin liefert uns ihr *Yantra* als heilige Geometrie. Yantras werden in der tantrischen Praxis als Meditationsdiagramme und in Ritualen eingesetzt mit dem Ziel, die jeweilige Gottheit in uns zu erwecken.

Die machtvollste Form der Göttin jedoch ist ihr *Mantra,* durch das sie sich als stille oder hörbare Klangschwingung manifestiert. Bei dieser sehr subtilen Art der Praxis ist es wichtig zu verstehen, dass wir die Göttin nicht durch das Mantra herbeirufen, sondern dass sie *als Mantra* zu uns kommt.

In diesem Buch habe ich bewusst auf die Yantras und Mantras der zehn Weisheitsgöttinnen verzichtet. Diese sehr esoterischen Praktiken bedürfen für mein Empfinden einer persönlichen Übertragung und lassen sich schwer als gedruckte Information vermitteln. Klang und Aussprache der Sanskrit-Silben sind subtil und in unserer lateinischen Schrift nur näherungsweise darstellbar. Die wahre Kraft und Magie eines Mantras kann sich zudem nur entfalten, wenn es von jemandem übermittelt wird, der seine heilige Lebendigkeit selbst erfahren hat. Wenn du also mit den Mantras der Göttinnen praktizieren willst, empfehle ich, dir persönliche Unterweisung zu suchen.

Egal, welchen Zugang (Murti, Yantra oder Mantra) wir am Ende wählen: Wir suchen eine *gefühlte Präsenz* des Heiligen. In der Göttinnen-Praxis gehen wir ganz bewusst in Resonanz mit den universellen Energien des Lebens und lernen, mit ihnen zu tanzen. Unterhalb der Oberfläche äußerer Ereignisse und Phänomene nehmen wir sie als feinstoffliches Schwingungsmuster wahr. Ihr Energiestrom, mit dem wir dann harmonisch und mühelos fließen können, führt uns zurück zur Quelle, zum Urgrund des Seins, wie wir im folgenden Kapitel über das *Vijnana Bhairava Tantra* sehen werden: Es ist die Göttin, die uns zu Shiva führt.

Ungezähmt, dunkel und verführerisch: die zehn Mahavidyas

Herausfordernde Zeiten verlangen nach herausfordernden Göttinnen. Egal, ob wir durch eine persönliche Krise oder eine globale Pandemie, eine Krankheit oder einen Krieg gefordert werden: Unsere Spiritualität nimmt an Fahrt auf, wenn wir Weisheit und Mut entwickeln, um in den dunkleren Gewässern des Lebens zu navigieren.

In den Shakta-Traditionen des Tantra, insbesondere in der Schule des *Shri Vidya,* offenbaren uns die zehn Mahavidyas die universelle Weisheit des Lebens in bunten, düsteren und lieblichen Gestalten. *Maha* bedeutet auf Sanskrit »groß« und *vidya* »Weisheit« oder »Wissen«. Ausführlich beschrieben im *Todala Tantra,* einer heiligen Schrift aus dem indischen Spätmittelalter, enthüllen sie das ganze schrecklich-schöne Spiel der Schöpfung – von der ungezügelten Wildheit Kalis bis hin zur Glück verheißenden, anmutigen Gestalt der Lotosgöttin Kamala. Jede der tantrischen Weisheitsgöttinnen ist eine universelle Form von Shakti, dem Heiligen Weiblichen Prinzip, und eine Einladung zu tiefer Kontemplation und Erkenntnis, die uns hilft, das Mysterium des Lebens zu durchdringen.

Dabei wird Shakti als *Mahadevi,* die große Göttin, oft mit einem Fluss verglichen, in dem der Praktizierende badet: Du kannst nicht im ganzen Fluss baden, sondern immer nur an einer Stelle oder in einer Bucht. Und doch: Um den ganzen Strom des Lebens zu verstehen, musst du an verschiedenen Stellen baden, das heißt, die Göttin in unterschiedlichen Formen erfahren.

Auf die spirituelle Praxis bezogen, bedeutet das, dass du zunächst mit einer der zehn Göttinnen startest, die eine Energie repräsentiert, die dich ruft und mit der du gut in Resonanz gehen kannst. In den folgenden Kapiteln zu den einzelnen Mahavidyas werde ich dir dafür geeignete Praktiken aufzeigen.

Mindestens genauso wichtig ist jedoch, dass du die Präsenz dieser Göttin in deinem täglichen Leben wahrnimmst und reflektierst. Auch dafür erhältst du viele Anhaltspunkte in diesem Buch. Wenn du die Energie einer Göttin erst einmal mit Kopf und Herz zu durchdringen beginnst, wirst du ihr immer wieder begegnen, und sie wird eine kraftvolle Begleiterin auf deinem Weg in die Freiheit. In gleichem Maße, wie du sie im Äußeren wahrnimmst, *erweckst du sie in dir selbst,* denn – wie du sicherlich inzwischen verinnerlicht hast – es gibt keine Trennung zwischen der Göttin und dir.

Die Praxis mit einer bestimmten Mahavidya führt dann oft unweigerlich zur nächsten Göttin, zur nächsten Gestalt, die die unergründliche Kraft des Lebens annimmt, um dir eine archetypische Weisheit zu offenbaren, die du längst in dir trägst.

Jede der zehn Göttinnen, denen du in den kommenden Kapiteln begegnest, kann Ausdruck menschlicher Begrenzung, menschlichen Suchens und Leidens sein – oder aber ein Weg in die Freiheit, der uns darüber hinausführt. *Jede der Mahavidyas erfüllt das tantrische Paradox des Heiligen Weiblichen, das unsere wahre Natur gleichermaßen offenbart und verhüllt.*

Die Weisheitsgöttinnen sind gleichermaßen universelle kosmische Kräfte wie auch Aspekte von dir selbst. Anders kann es auch gar nicht sein, denn du selbst bist ja ein mikrokosmisches Abbild des Universums, wie wir in Kapitel 3 des ersten Teils gesehen haben. Slogans wie »Erwecke die Göttin in dir« bedienen häufig das weitverbreitete Missverständnis, dass es in der Göttinnen-Praxis darum geht, »weiblicher« zu werden, mit damit einhergehenden Assoziationen von Anmut, Strahlkraft und Selbstbewusstsein. Das sind bestenfalls angenehme Begleiterscheinungen, aber nicht das Ziel dieses spirituellen Wegs.

Worum es wirklich geht – und natürlich für Frauen wie Männer gleichermaßen –, ist, *ganz* zu werden, das heißt *alle* Aspekte unseres komplizierten menschlichen Selbst zu integrieren, ins Licht unseres Bewusstseins zu holen und lieben zu lernen. Dazu gehört Dhumavatis verlebte Resignation und Bhairavis ungezügelter Lebenshunger ebenso wie Tripura Sundaris verführerische Sinnlichkeit. Auf dem Weg der Weisheitsgöttinnen gibt es kein Ausweichen, kein Verdrängen oder Umgehen der Abgründe des Lebens, wie es unter dem modernen Begriff »spiritual bypassing« zusammengefasst wird. Nein, wir wenden uns nicht ab, sondern lehnen uns mutig und be-*herzt* mitten hinein ins Dunkle, ins Unbequeme, ins Wilde, ins Unvorhersehbare. Wir begegnen uns selbst in all unserem Licht und all unserem Schatten, um durch all unser Licht und all unseren Schatten hindurch unser *wahres, grenzenloses Selbst* scheinen zu sehen.

Wir lernen: Es gibt nichts an uns, was wir ablehnen oder verbessern müssen, nichts, wofür wir uns schämen müssen, weil ja alles der EINEN Quelle entstammt und gleichermaßen heilig ist. Wir sind vollkommen, genau so, wie wir in diesem Moment sind. Wir müssen nirgendwo hingelangen, an einen besseren Ort, zu einem besseren Selbst, denn *alles, was wir suchen, ist schon hier!*

In dieser radikalen, liebevollen Akzeptanz von wirklich *allem,* was wir sind, erfolgt ganz von selbst eine geheimnisvolle, erlösende Alchemie, die Schmerz in Freude und Angst in Freiheit verwandelt. Eine Transformation, für die wir nicht kämpfen und streben müssen, sondern nur Ja sagen und uns hingeben.

Das ist der Weg des Weiblichen, *der Weg der Weisheit und des offenen Herzens. Er kann mal Nektar sein, mal bittere Medizin und führt uns durch Licht und Dunkelheit hindurch in ein ungezähmtes, kraftvolles, erwachtes Leben voller Staunen und stiller Glückseligkeit.*

Doch bevor wir uns der Göttin in ihren kontrastreichen Gestalten zuwenden, möchte ich dich auf den folgenden Seiten noch mit dem außergewöhnlichen Text vertraut machen, der die Grundlage für die Praxis-Einheiten dieses Buchs bildet.

Gelebte Praxis: das *Vijnana Bhairava Tantra*

Ein Text wie kein anderer

Meditation im Sinne des *Vijnana Bhairava Tantra* ist ein Akt der Liebe.

Mit den erstaunlich vielfältigen Praktiken dieser Schrift verlieben wir uns jedes Mal aufs Neue ins Leben selbst. Wir begegnen dem pulsierenden Strom seiner Energien auf allen Ebenen unseres Seins – geistig und körperlich, sinnlich und emotional, verspielt und neugierig. Und – das ist wichtig! – ohne jeden Vorbehalt.

Die spirituellen Traditionen des Tantra fordern uns auf, uns auf echte Intimität mit dem Leben einzulassen – staunend, fasziniert und in radikaler Präsenz. Wir sollen wahrhaftig eins werden mit den ungeheuerlichen Erfahrungen, die es uns bietet. Tief und vollständig wollen wir in jede von ihnen eintauchen, um uns selbst darin zu verlieren – und doch unser wahres Selbst dahinter zu entdecken.

Das *Vijnana Bhairava Tantra* räumt mit der weitverbreiteten Vorstellung auf, dass Meditation etwas ist, das stets reglos auf einem Kissen stattfindet und zum Ziel hat, in transzendente Sphären und Bewusstseinszustände vorzudringen, die uns vom irdischen Dilemma erlösen. Dieser einzigartige Text bietet uns viel mehr an als das, nämlich eine vielschichtige, gelebte Meditationspraxis, die sich in jedem noch so banalen Moment des Alltags entfalten kann.

Wir lernen, dem Heiligen zu begegnen in jeder unserer Regungen, Tätigkeiten und Erfahrungen, in einer vollständig verkörperten Spiritualität, die alles integriert und nichts ausschließt. Jeder Atemzug kann so zu einer Pforte werden, die uns ins Herz der Existenz hineinführt.

Das wahre rituelle Bad ist das Eintauchen in das Wesen des eigenen Selbst, das überall ist und dessen Essenz Freiheit, Freude und reines Bewusstsein sind.

VIJNANA BHAIRAVA TANTRA, VERS 152

Das *Vijnana Bhairava Tantra* ist als Text einmalig in seiner Art und für mein Empfinden einer der großen Schätze der Menschheit. Es liefert uns die wohl umfassendste Sammlung von Meditationstechniken, nicht weniger als 112 an der Zahl, die als *Yuktis* oder *Dharanas* bezeichnet werden. Sie sind so vielfältig in ihrer Natur, dass sie das volle Spektrum unserer menschlichen Erfahrung umfassen. In übergeordnete Themenkreise gegliedert, offenbaren sie uns ganz unterschiedliche Zugänge zu unserem wahren Wesen. Man könnte sagen: Für jeden Praktizierenden und jede Lebenssituation liefert das *Vijnana Bhairava Tantra* die passende Methode.

Hier ein paar Hintergrundinformationen zu dieser bekanntesten aller tantrischen Schriften, die uns als Praxisgrundlage durch die folgenden Kapitel begleiten wird. Beginnen wir mit dem Titel: Den Begriff *Vijnana* kennst du bereits aus der Einführung »Über dieses Buch« als *erfahrbares Bewusstsein.*

Bhairava ist eine im Tantra weitverbreitete wilde Form von Shiva, die ihn als provokativen Outcast darstellt, als nackten, mit Asche beschmierten Bettler, der auf Verbrennungsstätten aus Totenschädeln trinkt. Dass *Tantra* auch als Textform zu verstehen ist, wissen wir bereits aus Kapitel 2, Teil 1.

Wie bei allen Tantras ist unbekannt, wer diesen Text niedergeschrieben hat, der in der Tradition als göttlich inspiriert gilt. In Schriftform taucht er erstmalig irgendwann zwischen dem sechsten und achten Jahrhundert unserer Zeitrechnung auf. Wie in Indien seit Menschengedenken üblich, wurde er davor über viele Generationen hinweg auswendig gelernt und gechantet, weshalb er, wie so viele der heiligen Sanskrit-Texte, in einem einheitlichen Versmaß verfasst wurde.

Das *Vijnana Bhairava Tantra* erläutert uns seine 112 *Dharanas* (Konzentrationstechniken) in zweizeiligen Versen. Jede Zeile hat 16 Silben, das heißt, die jeweilige Technik muss in nur 32 Silben dargelegt werden. Kein Wunder, dass da viel Interpretationsspielraum bleibt, wie wir ihn in den verschiedenen Übersetzungen und Kommentaren zu diesem Tantra vorfinden. Es bedarf der Unterweisung durch eine Lehrerin oder einen Lehrer, um den Text wirklich zu durchdringen.

Die Übersetzungen, die ich in diesem Buch präsentiere, habe ich aus verschiedenen deutschen und englischen Versionen zusammengefügt, die du hinten im Quellenverzeichnis findest. Ich habe mir dabei die Freiheit genommen, allzu wortgetreue Übersetzungen immer wieder zugunsten eines harmonischen deutschen Sprachflusses anzupassen, sofern sie die ursprüngliche Bedeutung des Verses nicht verzerren.

Sprache ist in meinem Verständnis nicht nur Träger von Information, sondern auch von Rhythmus und Energie. Ihre geheimnisvolle, schöpferische Vibration – im Tantra *Matrika Shakti* genannt – formt und massiert unseren Geist. Ebenso wie in den Worten selbst, entfaltet sie sich zwischen den Zeilen als das, was nicht in Worte gefasst werden kann.

Der heilige Dialog der Polaritäten

Tantras sind meist in Form eines Dialogs zwischen Liebenden verfasst. Die beiden untrennbaren Aspekte des Absoluten, Shiva und Shakti, kommen miteinander ins Gespräch. Einer von beiden liefert dabei seinem Gegenüber mit den passenden Fragen die perfekte Bühne für erhellende Ausführungen über die Natur der Realität.

In den Shakta-Traditionen ist es oft Shiva, der den Ahnungslosen gibt, und die Göttin, die ihn aufklärt. Im *Vijnana Bhairava*

Tantra ist es umgekehrt: *Devi,* die Göttin, stellt sich dumm und nimmt unsere Rolle als ahnungsloser Leser ein, um Shiva in seiner Form als Bhairava grundlegende und klug formulierte Fragen zu stellen (die zeigen, dass sie die Antwort eigentlich schon kennt).

In dieser Textform begegnen wir dem tantrischen Paradox: Eigentlich macht dieses Frage-Antwort-Spiel gar keinen Sinn, denn Shiva und Shakti sind EINS, und was »er« weiß, weiß damit auch »sie«. Und doch zeigt uns diese dialogische Rahmenhandlung ein wesentliches Prinzip des Tantra, seiner Schöpfungsmythologie (siehe Kapitel 1, Teil 1) und des Lebens ganz allgemein auf: Das EINE Absolute spaltet sich zu Anbeginn in zwei, damit es *in Beziehung* gehen kann, damit Liebe entstehen und ein Dialog stattfinden kann. Denn nur in Beziehung zum »Anderen« können wir lernen, kann eine Offenbarung geschehen, können wir etwas über uns selbst herausfinden.

Ist es nicht faszinierend, wie wir in dieser simplen und doch so tiefgründigen Form der Rahmenhandlung die Liebe als Lebenssinn entdecken können?

Das EINE Absolute spaltet sich auf, um etwas zu *erfahren* (in beiden Bedeutungen des Wortes – um zu lernen und zu erleben). Am Ende des Texts – und analog am Ende unserer spirituellen Reise – finden wir schließlich zurück zur Einheit, in die absolute Glückseligkeit der Wiedervereinigung, in der Gott und Göttin EINS werden.

So endet der letzte Vers des *Vijnana Bhairava Tantra:*

Als sie so gesprochen hatte, war die Göttin voller Seligkeit und wurde eins mit Shiva.

VIJNANA BHAIRAVA TANTRA, VERS 164

Die vielseitige Natur der tantrischen Meditation

Im Tantra führt der Weg ins Absolute *durch die Göttin.* Das Heilige Weibliche verdichtet sich zu jeder Form und Erfahrung, die uns in diesem Leben begegnet. Shakti ist das »Gesicht« Shivas, das Tor zu ihm. Durch seinen weiblichen Aspekt wird das Göttliche *zugänglich:* Shakti bringt uns direkt zu Shiva.

Die Göttin ist die Kerze, heißt es im *Vijnana Bhairava Tantra,* die den Raum erhellt, der Shiva ist, grenzen- und formloses Bewusstsein. Nur in ihrem Licht können wir ihn erkennen – kann er sich selbst erkennen.

> *Ich bin überall und alles durchdringend. Finde mich in intensiver Erfahrung. Tauch ganz ein und lass dich von den Energien des Lebens durchtränken. Werde so eins mit mir. So wie das Licht einer Kerze den Raum erhellt und die Strahlen der Sonne die Welt dem Blick offenbaren, so weist die Göttin den Weg zu mir.*
>
> VIJNANA BHAIRAVA TANTRA, VERS 20–21

In den poetischen Versen des *Vijnana Bhairava Tantra* eröffnet uns das Absolute Bewusstsein 112 verschiedene Pforten, die auf direktem Weg zu ihm führen. Du kannst das Göttliche dabei ebenso in jeder sinnlichen Erfahrung finden wie in meditativer Trance. Es offenbart sich in den Freuden und Herausforderungen deines täglichen Lebens, in deinen Sehnsüchten, Gefühlen und Gedanken, den pulsierenden Energien deines Körper-Geist-Systems. Alles ist heilig. Alles trägt Segen. Einfach *alles,* dem du deine offene Präsenz schenkst, kann ein Tor ins Absolute sein und gelebte Meditation.

Es lohnt sich, an dieser Stelle einen Moment innezuhalten, um darüber zu sinnieren, war das für unsere heutige spirituelle Praxis bedeutet. Wir leben in einer chronisch reizüberfluteten Gesellschaft, in der viele keinen Zugang zur Meditation finden, weil sie in der Vorstellung gefangen sind, sie müssten dazu möglichst lange aufrecht stillsitzen und an nichts denken. Jeder, der schon einmal versucht hat, den Strom seiner Gedanken länger als, sagen wir, drei Atemzüge zu stoppen, weiß, dass das ein fast unmögliches Unterfangen ist. Geistige Stille lässt sich eben nicht erzwingen.

Frustriert geben viele auf und holen sich zur Entspannung lieber ein Bier aus dem Kühlschrank, anstatt lebensnähere Formen der Meditationspraxis zu erforschen.

Diese finden sich in eindrucksvoller Vielfalt im *Vijnana Bhairava Tantra.* Sie vermitteln uns eine zeitlose Spiritualität, die sich nahtlos und elegant in unsere moderne, beschleunigte Welt einweben lässt. Die alltagstauglichen Methoden und kontemplativen Verse dieses Texts bilden eine ebenso inspirierende wie wirkungsvolle Grundlage für die Praxis mit den tantrischen Weisheitsgöttinnen.

TEIL 3

Dem Leben begegnen – Die zehn Weisheitsgöttinnen

Kali – die leuchtende Dunkelheit

Wahrlich, keiner ist weise,
der nicht das Dunkel kennt …
Hermann Hesse

Die paradoxe Natur der dunklen Mutter

Es hat etwas Mut gebraucht, dieses Kapitel zu beginnen, denn in der ersten der Mahavidyas begegnet uns sogleich (und oft unmittelbarer, als uns lieb ist) alles, was wir am meisten fürchten: Auflösung, Tod und Dunkelheit. Die dunkelste der Weisheitsgöttinnen *tanzt* das Paradox von Schöpfung durch Zerstörung: In Kalis unergründlichem Nichts nimmt alles seinen Ursprung und findet alles sein Ende. In ihrer absoluten Dunkelheit begegnen sich Leben und Tod im ewigen Jetzt.

Die dunkle Mutter ist »Adi Shakti«, das uranfängliche Weibliche und der Mutterschoß der Schöpfung. Alles beginnt mit ihr. In einer Fassung der Mahavidya-Mythologie gehen alle anderen Göttinnen aus ihr hervor als eine Transformation ihrer radikalen Energie und kompromisslosen Liebe. Kali ist gleichzeitig das absolute Nichts und die unendliche Schöpfungskraft, die darin schlummert.

Auf Sanskrit ist Kali die weibliche Form von *Kala,* der Zeit. Ihr rhythmischer, wilder Tanz erschafft und zerstört Welten und ist doch dabei stets Ausdruck von Gnade: Kali ist die ebenso gnadenlose wie gnadenvolle Vergänglichkeit, die alles verschlingt und auch alles hervorbringt in einem endlosen Prozess der Erneuerung. Die erbarmungslose Liebe der schwarzen Göttin erlöst Existentes aus der Begrenzung der Form und schafft dabei Raum für neues Leben, das im dunklen Feld ihrer grenzenlosen Schöpfungskraft gezeugt wird.

In den tantrischen Traditionen wird Kali typischerweise als Paradox beschrieben: absolute Leere und unendliche Fülle zugleich; tiefste Schwärze und doch aus sich selbst heraus leuchtend; kompromisslos in ihrem Zerstörungsdrang und gleichzeitig voller Liebe; Verkörperung des Todes und Leben spendender Mutterschoß; unwiderstehlich »sexy« als Gemahlin Shivas und doch abschreckend in ihrer Furcht einflößenden Form; Quelle des tiefsten Schmerzes und der hellsten Freude, weil sie unsere wahre Natur gleichermaßen verhüllt und offenbart.

Dieses Paradox zeigt sich auch in ihrer Ikonografie: Die beiden linken Arme der Göttin tragen drohend ein bluttriefendes, zum Schlag erhobenes Schwert und einen soeben abgetrennten Kopf; die beiden rechten hingegen formen segnende Mudras. Die obere Hand ist als schützende Geste erhoben in *Abhaya-Mudra* (»fürchte dich nicht«), die untere geöffnet in die Gunst gewährende *Varada-Mudra.*

Kalis Symbolik lässt keinen Zweifel zu: Blutdürstig tanzt sie mit wildem Haar auf Verbrennungsstätten und feiert den Tod als Ursprung des Lebens. Die erste der Mahavidyas konfrontiert uns in ihrer furchterregenden Gestalt mit unserer eigenen Vergänglichkeit. Sie erinnert uns daran, dass wir am Ende nichts festhalten können und sich alles, wirklich alles, woran wir hängen, in ihrer Dunkelheit auflösen wird. Ihre blutige Schürze aus abgetrennten Armen nimmt uns jede Hoffnung, dass wir uns an irgendetwas festklammern dürfen. Die dunkle Mutter wird uns *alles* nehmen.

Am häufigsten sieht man Kali tanzend auf Shiva, der ihr als das passive männliche Prinzip still und bleich zu Füßen liegt. Ich bin endlos fasziniert von dieser auf den ersten Blick seltsamen Darstellung, die doch alles sagt: Shiva repräsentiert die stille, leuchtende Präsenz des reinen Bewusstseins, die dem Tanz der Vergänglichkeit unterliegt. Er hält den Raum, in dem sich die wilde Energie der Göttin entfalten kann. Durch seine Bewusstheit sorgt er dafür, dass Kalis Zerstörung am Ende konstruktiv ist und nicht willkürlich, chaotisch und rein destruktiv.

Gleichzeitig ist Shiva unsere wahre Natur jenseits von Zeit und Raum, die unter dem turbulenten Geschehen des göttlichen Tanzes allzu oft verborgen bleibt. *Kali hält uns gefangen in der Erfahrung der linearen Zeit und führt uns gleichzeitig darüber hinaus ins ewige Jetzt Shivas.* Wieder begegnet uns hier das tantrische Prinzip der Göttin als Pforte ins Absolute, das wir bereits im vorigen Kapitel kennengelernt haben: Durch Shakti gelangen wir zu Shiva.

Kalis hypnotischer Tanz verhüllt unsere wahre Natur so lange, bis wir uns endlich ergeben und in ihre dunkle Umarmung sinken. Bis wir alles, was wir zu sein glauben, hingeben und unser begrenztes, flüchtiges Ich, unser Ego, auf ihrem Altar darbringen. Erst dann offenbart sie uns ihre zeit- und bedingungslose Liebe, die an keinerlei Äußerlichkeit, an kein Attribut und keine Vergänglichkeit gebunden ist. Die dunkle Mutter schenkt uns eine bodenlose Freiheit, die alle Mauern unserer Anhaftungen sprengt und uns aus unseren allzu menschlichen Begrenzungen erlöst.

Kali bricht uns, damit wir ganz werden, und zwingt uns auf die Knie, damit wir zu voller Größe erwachsen. Sie nimmt uns alles und führt uns dadurch in die vollkommene Fülle des Seins. Schicht für Schicht legt sie unsere zeitlose Essenz frei, indem sie uns alles Flüchtigen beraubt – mal plötzlich und brutal, mal als nagender Zahn der Zeit. Wenn wir alles hingegeben haben, was wir zu sein glauben, zeigt uns die dunkle Göttin, wer wir wirklich sind.

Kali im Leben begegnen

Die dunkle Göttin ist eine beschleunigende universelle Kraft, die kompromisslos Veränderung und Transformation vorantreibt. Im Inneren wie im Äußeren löst sie bestehende Strukturen auf, um *Freiraum* für neue Entfaltung zu schaffen.

Es ist ein intensiver Prozess der Bereinigung, bei dem oft große Hitze freigesetzt wird. Denk an einen Kompost: In der Wärme seines dunklen Inneren zersetzt sich Verbrauchtes, um Nährboden für Neues zu schaffen.

Kali ist das Feuer der Transformation, durch das wir immer wieder im Leben gehen müssen. Ihre Hitze verbrennt den beengenden Käfig des Gewohnten und lässt in uns zu Eis erstarrte Muster schmelzen. Ohne jede Rücksicht auf unsere Befindlichkeiten holt sie mit ihrem Krummsäbel zum radikalen Befreiungsschlag aus, um allem, was uns nicht mehr dient, den Garaus zu machen. Dazu gehören im Äußeren Beziehungen, Besitztümer, Rollen in Beruf und Familie, sozialer Status, körperliche Attribute und alles, womit wir uns sonst noch identifizieren.

Im Inneren erlöst uns die dunkle Göttin mit schneller, scharfer Klinge von unseren Anhaftungen und Abneigungen, Meinungen und Urteilen, Obsessionen und blinden Konditionierungen. Wie ein heftiges Erdbeben erschüttert sie unsere Glaubenssätze und bringt die Kartenhäuser unserer (ab)gewohnten Welt zum Einstürzen. Sie raubt uns, ohne zu zögern, jede Gewissheit, die wir zu haben glauben.

Die dunkle Mutter ist an deiner Seite, wenn du einen schmerzlichen Verlust plötzlich als Befreiung sehen kannst oder wenn sich ein schwelender Konflikt endlich in einem reinigenden Gewitter entlädt. Wir Frauen begegnen Kalis Energie in den Wechseljahren, wenn unser Körper-Geist-System in eine neue Lebensphase übergeht, häufig begleitet von *hitzigen* Prozessen der Auseinandersetzung und Neufindung, die eine wildere, radikalere und weniger angepasste Seite von uns *frei*-legen.

Kali lässt uns Vergänglichkeit als Transformation begreifen, das heißt nicht als Ende, sondern als Veränderung. Sie nimmt uns damit die Angst vor dem Tod, der radikalsten Konfrontation mit unserer Vergänglichkeit und umfassendsten Transformation, die uns erwartet.

In ihrer Rolle als »Verschlingerin der Zeit« mahnt sie zu uneingeschränkter Präsenz, um die flüchtige Kostbarkeit jedes Moments zu würdigen, der uns einen Herzschlag lang in Staunen versetzt, bevor sie ihn in der leuchtenden Dunkelheit des ewigen Jetzt wieder auflöst.

Im großen Gefüge des Planeten kannst du Kalis Energie im Klimawandel beobachten, einer beschleunigenden Kraft radikaler Veränderung. Als Waldbrand fegt die dunkle Göttin über verdorrte Böden und als Vulkanausbruch düngt sie das Land mit fruchtbarer Lava, damit das neue Grün umso kraftvoller sprießen kann. Sie kommt als erlösender Gewittersturm nach einem schwülheißen Sommertag und als Tsunami, der alle Dämme niederreißt. Du begegnest ihr im eisigen Novemberwind, der die letzten Blätter von den Bäumen holt und uns in der hereinbrechenden Dunkelheit des Winters mit dem Sterben in der Natur konfrontiert.

Auch auf politischer und gesellschaftlicher Ebene löst Kali bestehende Strukturen auf: Sie beschleunigt gesellschaftliche Umbrüche, befeuert Revolutionen und Bürgerkriege, lässt Köpfe rollen, wenn Reiche und Großkonzerne kollabieren.

Kali Sadhana

Dieses Buch liefert viele Anregungen, um die Mahavidyas zum Teil deiner spirituellen Praxis zu machen. Dazu gehören Kontemplationen und Atemmeditationen zu jeder der Göttinnen, die meiner persönlichen Erfahrung als Praktizierende und Unterrichtende entspringen. Und ergänzend klassische Übungen aus dem *Vijnana Bhairava Tantra,* deren zeitlose Brillanz dir den tantrischen Weg erschließt.

Kali kontemplieren

Bhavana, die tantrische Praxis der Kontemplation, ist eine äußerst wirkungsvolle Praktik, um mit dem Heiligen Weiblichen in Kontakt zu treten. Ich begreife sie als stilles Hineinspüren in eine Frage oder einen Leitsatz, als ein *Nach-innen-Lauschen,* das keine ausformulierte Antwort sucht oder erfordert. Es ist ein Prozess, der nicht nur im Kopf, sondern im ganzen Körper-Geist-System stattfindet. Wenn wir still und offen mit einer Frage sitzen, erschließt sich die Antwort zuweilen in Form eines wortlosen Erkennens, einer intuitiven Weisheit, die dem *Herzen* entspringt, nicht dem Verstand. Es ist die *gefühlte* Präsenz der Göttin, die sich dann offenbart.

Für die Praxis der Kontemplation kannst du einen klassischen Meditationssitz einnehmen. Ebenso gut jedoch kannst du auf einer Parkbank, auf einem Felsen am Meer, bei einem Waldspaziergang oder mit einem Kaffee in der Hand morgens auf deinem Balkon in die Kontemplationsanstöße dieses Buchs hineinspüren.

Wenn du der Typ dafür bist, beginne jede Kontemplation mit einer Visualisierung der jeweiligen Göttin und schließe sie mit ein paar Minuten freiem Schreiben ab. Zu jeder der Mahavidyas liefere ich dir hierfür passende Leitsätze und Fragen, aber grundsätzlich kannst du dir natürlich jeden Satz aus dem jeweiligen Kapitel, der etwas in dir bewegt, herausgreifen und eine Weile damit sitzen.

Kontemplationsanstöße:

Was bleibt, wenn mir alles, woran ich hänge, genommen wird?

Um wirklich lebendig zu sein, muss ich bereit sein, in jedem Moment zu sterben und neu geboren zu werden.

Kali in deinem Atem

Die Göttin pulsiert in dir als *Prana,* als universelle Lebenskraft, und du kannst dich daher jeder der Mahavidyas über eine Atempraxis nähern. Wie du im Laufe der folgenden Kapitel sehen wirst, sind alle zehn Göttinnen in jedem einzelnen Atemzug präsent, der ja einen vollständigen Zyklus von Werden und Vergehen darstellt. Das Heilige Weibliche über den Atem zu erfahren, ist eine sehr lebendige, verkörperte Praxis: Sie führt uns über die somatische Wahrnehmung auf direktem Weg zur gefühlten Präsenz der Göttin. In der folgenden Meditation erfährst du Kali als leuchtend-dunkle Quelle deines Atems:

Finde zunächst auf einem Meditationskissen oder auch einem Stuhl einen bequemen, aufrechten Sitz an einem ruhigen Ort und schließe die Augen. Besonders gut lässt sich diese Praxis übrigens in einem dunklen Raum durchführen, der nur durch das Licht einer einzelnen Kerze erhellt ist.

Folge einige Atemzüge lang entspannt der Bewegung deines Atems: Lass die Einatmung im Inneren, tief in den Organen, entstehen und sich von ihrem Ursprung aus dreidimensional in dir ausdehnen. Lass jede Ausatmung hier wieder verklingen. Mach dich von der Vorstellung frei, dass es dabei um Luftaustausch in den Atemwegen geht, sondern bleib mit deiner Aufmerksamkeit im inneren Prozess des Werdens und Vergehens, mit dem sich jede Atemwelle erhebt. Achte darauf, dass du alle Anspannung aus deinen Gesichtszügen entlässt – insbesondere aus dem Kiefer und der Muskulatur hinter deinen Augen. Vielleicht öffnen sich deine Lippen unmerklich einen winzigen Spalt weit, sodass das Gefühl eines inneren Lächelns entstehen kann.

Um der dunklen Göttin zu begegnen, folge nun jedem Atemzug bis ans Ende, zurück zu seiner Quelle. Lass dich weich auf den Grund jeder Ausatmung sinken und gib dich der stillen Dunkelheit hin, die dort auf dich wartet. Lass dich wieder und wieder in die Umarmung der dunklen Mutter sinken.

Wenn deine Ausatmung im »stillen Nichts« Kalis verklungen ist, offenbart sich für einen kurzen und doch ewigen Moment der tiefe Frieden deiner Shiva-Natur als zeit- und grenzenloses Bewusstsein. Und in der stillen Dunkelheit zwischen Sein und Nicht-Sein erhebt sich leuchtend die nächste Einatmung als Lebenswelle, als »Ja«.

Bleibe einige Atemzüge oder Minuten dabei und begegne Kali als leuchtend-dunkle Quelle deines Atems.

Du kannst diese Meditation als ausgedehntere, formalere Übung durchführen oder als schnelle *Mikro-Praxis* immer wieder zwischendurch, wenn du Kalis Präsenz in deinem Leben verstärkt wahrnehmen möchtest. Das tantrische Prinzip der Mikro-Praxis lädt dich ein, in deinen Tagesablauf immer wieder kurze, formlose Meditationseinheiten von wenigen bewussten Atemzügen einzuflechten, um auf diese Weise die Trennung von Alltag und *Sadhana* (spiritueller Praxis) aufzuweichen.

Kali im Vijnana Bhairava Tantra

Du kannst jeder der zehn Mahavidyas in den Versen des *Vijnana Bhairava Tantra* begegnen und ihre universellen kosmischen Kräfte durch seine klassischen *Dharanas* (Meditationstechniken) und kontemplativen Verse erfahren. Sich dem Heiligen Weiblichen über diesen bekanntesten der tantrischen Texte zu nähern, wird dein Verständnis für das Weltbild und die Philosophie, die diesem spirituellen Weg unterliegt, vertiefen. Es ist eine ganz natürliche Verbindung, ist es doch die Göttin, die den Weg ins reine, formlose Bewusstsein verkörpert und erhellt (siehe Kapitel 3, Teil 2).

Bhairavi ist das Tor zu Bhairava, Shakti führt uns zu Shiva. Anders gesagt: Über die lebendige Erfahrung des Weltlichen finden wir zu uns selbst in unserer Shiva-Natur. Die Göttin ist dabei jedoch nicht etwa das Floß, mit dem wir ans Ufer des Transzendenten übersetzen, um es dann zurückzulassen. Wir queren den Strom des Lebens immer wieder aufs Neue, in jedem bewussten Augenblick, um die wortlose Schönheit und Heiligkeit in *beiden* Aspekten zu finden und zu erkennen, dass Gott und Göttin am Ende EINS sind.

Kalis Energie kommt vielerorts im *Vijnana Bhairava Tantra* zum Ausdruck. Aus seinen 112 Dharanas habe ich zwei meiner Lieblingsverse ausgewählt, die dir das Mysterium der dunklen Göttin offenbaren.

Vers 52 beschreibt kurz und prägnant eine für die tantrische Praxis typische Visualisierungsübung, die dich mit der Auflösung alles Vergänglichen konfrontiert. Du kannst sie als sitzende Meditation oder auch im Liegen durchführen.

Stell dir vor, wie das Feuer der Zeit deinen ganzen
Körper von den Zehen aufwärts zu Asche verbrennt.
Nichts als leuchtender Frieden bleibt von dir zurück,
wenn der Wind deine Asche hinfort getragen hat. || 52 ||

Im nächsten Vers begegnet uns eines der zentralen Themen des *Vijnana Bhairava Tantra: Madhya*, wörtlich übersetzt »die Mitte« oder auch »der Raum dazwischen«. Dabei geht es um die Suche nach der

Lücke – zwischen zwei Gedanken, Atemzügen oder Gefühlszuständen –, die uns stille Momente des Zwischenraums beschert.

Erinnere dich, wie uns der hypnotische Tanz der linearen Zeit, den die dunkle Göttin verkörpert, an der Oberfläche des Geschehens gefangen hält und wir darüber das stille Shiva-Bewusstsein unserer zeitlosen Natur, das als »Tanzboden« darunter liegt, schlichtweg vergessen. Madhya sind die Lücken, an denen der Film einen Herzschlag lang stoppt, so wie im Filmklassiker *Matrix,* wenn das Computerprogramm einen winzigen Moment lang hängt und Neo die Realität durchschimmern sieht.

Such die Mitte zwischen zwei Dingen oder Zuständen und lass den Geist darin zur Ruhe kommen. In der Leere dazwischen kannst du das Aufleuchten der Absoluten Wirklichkeit wahrnehmen. || 61 ||

Madhya-Momente im täglichen Leben zu kultivieren, ist eine kraftvolle, alltagstaugliche Methode, die als Mikro-Praxis jederzeit angewendet werden kann. In einer immer lauteren Welt lernen wir auf diese Weise, die allumfassende Stille wahrzunehmen, die selbst den lebhaftesten Trubel durchdringt.

Kalis Energie ist eine beschleunigende Kraft, und ihr Tanz scheint heute schneller und wilder als je zuvor. Umso wichtiger ist es, auf die Lücken im Strom des rasanten Geschehens zu achten, anstatt mit nahtlosem Multitasking unser Hamsterrad auf volle Drehzahl zu bringen. Im täglichen Wahnsinn öfters mal innezuhalten und drei Atemzüge lang die Stille am Ende jeder Ein- und Ausatmung wahrzunehmen, ist eine simple und ungemein wirkungsvolle Strategie, um dein Nervensystem zu beruhigen und einen erwachten Moment völliger Präsenz in deinen Tag hineinzuweben.

Es lohnt sich, ein paar persönliche Madhya-Rituale zu entwickeln, z. B. am Ende eines Meetings den Blick einen Moment lang in den Himmel hinein zu entspannen oder mit geschlossenen Augen bewusst den Boden unter den Füßen zu spüren, bevor du dich in die nächste Aufgabe stürzt. Eine weitere schöne Madhya-Gelegenheit bietet sich täglich beim Einschlafen, wenn du für ein paar bewusste Augenblicke im mystischen Raum zwischen Wachen und Schlafen verweilst.

Madhya ist jedoch nicht nur der stille Augenblick zwischen zwei zeitlichen Phänomenen, in denen Kalis Tanz einen Moment lang stoppt, sondern auch die friedvolle Mitte zwischen zwei Gegensätzen. Im zweiten Kapitel des ersten Teils habe ich beschrieben, wie Tantra die vermeintlichen Widersprüche unserer dualistischen Welt zur Einheit der Gegensätze harmonisiert. Tantra ist eine Tradition, die das Paradox nicht nur akzeptiert, sondern als Tor zur Erkenntnis feiert, und die dunkle Mutter ist eine vollkommene Verkörperung dieses Prinzips. Indem wir lernen, uns in die für den Verstand ungreifbaren Gegensätzlichkeiten des Lebens hinein zu entspannen, gehen wir über das beengende »Entweder-oder« hinaus in die befreite Weite des »Sowohl-als-auch«.

Vers 61 übersetze ich im Yoga-Asana-Unterricht als »finde in jeder Haltung die Essenz der Gegenhaltung«, wie zum Beispiel die Herzöffnung in jeder Vorwärtsbeuge und die Kontraktion in jeder muskulären Ausdehnung.

Du kannst das Prinzip jedoch ebenso auf zwei konträre Gefühlszustände oder körperliche Empfindungen anwenden: Erforsche die Leichtigkeit in der Schwere, die Stille in der Dynamik oder eine unerklärliche Traurigkeit in Momenten des Glücks. Kannst du beides zugleich fühlen? Unendlich schwer sein und schwerelos zugleich? Wohlig warm, während du vor Kälte zitterst? Wie Kali leuchtende Dunkelheit, offenbarende Verhüllung oder grimmige Liebe sein?

Beobachte, wie dein dualistisch programmierter Geist eine Weile am Paradox »herumknabbert« und schließlich aufgibt und loslässt. Was dann entsteht, ist eine entspannte, offene Weite, aus der uns das Licht des Bewusstseins entgegenleuchtet.

Tara – das summende Potenzial der Schöpfung

The dismantling of our false structures is holy work, and it's inextricable from creativity.

Mirabai Starr

Die Göttin als Pranava

Tara ist Kalis erste Transformation: Kali repräsentiert den nicht manifesten Urgrund und Tara den Beginn der Schöpfung durch das uranfängliche OM, das große *Pranava,* die Ur-Schwingung des Seins. Taras Pranava ist das große Ja, das wir in der tantrischen Schöpfungsmythologie kennengelernt haben (Kapitel 1, Teil 1). Sie ist der erste schöpferische Impuls *(adya spanda),* die erste Regung im stillen Urgrund des Seins, die Brücke zwischen der manifesten und nicht manifesten Welt.

Während Kali die absolute Stille ist, steht Tara für die Kraft des Klangs, das beständige Summen unendlicher Potenzialität, die drängt, sich in Form und Gestalt zu verdichten. Diese erste Bewegung hin zum Manifesten zeigt sich auch in den Farben der Göttinnen: Kalis Tiefschwarz ist die Farbe, die alle anderen absorbiert. In

Tara jedoch beginnt sich das Licht der Schöpfung zu brechen: Sie schimmert blauschwarz wie der nächtliche Himmel, kurz bevor die Morgenröte einsetzt.

Im tibetischen Buddhismus ist Tara die wichtigste weibliche Gottheit, Gefährtin des Bodhisattva Avalokiteshvara, des Buddhas des Mitgefühls, und selbst eine Verkörperung universellen Mitgefühls. Im chinesischen Buddhismus ist sie als sanftmütige Guanyin bekannt.

Im Tantra jedoch nimmt sie eine deutlich wildere Form an: Die tantrische Tara liebt Verbrennungsstätten und Blutopfer, uns daran erinnernd, dass jede Schöpfung auch ein Akt der Gewalt ist, der die entstehende Form der Einheit entreißt. (Wenn du schon einmal Zeuge einer Geburt warst, verstehst du, was ich meine.) Genau wie Kali begegnet sie uns in furchterregender Gestalt mit einer Schädelkette um den Hals, einem blutigen Schwert und einem abgetrennten Kopf in den Händen, der das Ende unserer Illusion des kleinen, begrenzten Ich symbolisiert.

Diese beiden unterschiedlichen Auffassungen der Göttin Tara werden nachvollziehbar, wenn man sich die Weltbilder von Buddhismus und Shaiva-Tantra ansieht. Für Buddhisten nimmt Mitgefühl für alle Wesen als eine der vier unermesslichen Herzensqualitäten eine zentrale Rolle ein. Tantriker mit ihrer radikal lebensbejahenden Doktrin »*Samsara ist Nirwana*« geben dem weit weniger Raum – ebenso übrigens wie überhaupt Theorien über das Jenseits, die erstaunlich wenig in tantrischen Texten vertreten sind. Sie sind entschlossen, bereits im *Diesseits* das ersehnte Nirwana zu finden und eine vollständig verkörperte Befreiung zu erlangen als *Jivanmukti,* ein »zu Lebzeiten Befreiter«. Ihnen liegt weniger daran, den »leidvollen« Kreislauf der Wiedergeburten zu durchbrechen, weil sie ihn nicht als leidvoll erleben. Stattdessen konzentrieren sie sich darauf, mittels ebenso radikaler wie effektiver Methoden unnötiges Lebensleid zu eliminieren, und zwar ohne groß zu hinterfragen, wie angenehm dieser Prozess für uns ist. Mit blutigem Schwert trennt uns die tantrische Göttin erbarmungslos den Kopf ab, um unser durch unsere mentalen Filter bedingtes (und damit selbst kreiertes) Leid mit der Wurzel auszureißen. In der verstörenden Ikonografie der Mahavidyas wird schnell klar: *Tantra ist kein Weg für zarte Gemüter, sondern eine spirituelle Heldenreise für die Unerschrockenen.*

In all ihrer Wildheit hat Tara jedoch auch eine schützende Seite, die durch den Lotos in ihrer Hand symbolisiert wird. Ihr Name bedeutet »Stern« oder auch »Retterin«. Tara gilt als Verkörperung von Wissen und Weisheit und in dieser Funktion als Helferin in der Not, die Schiffbrüchige aus der Gefahrensituation heraus ans rettende Ufer bringt. Mit ihrer Unterstützung lernen wir, in den dunkleren Gewässern des Lebens zu navigieren und vom Lebenskampf unserer fragmentierten Begrenzungen überzusetzen ans erlösende Ufer des Einheitsbewusstseins. Als »Stern« ist sie, gleich dem Polarstern, unsere beständige Erinnerung und unser Kompass am Nachthimmel, der uns vom kleinen Ich zu unserer wahren, grenzenlosen Identität führt.

Am bedeutungsvollsten für ihre Rolle als schöpferische kosmische Kraft ist jedoch Taras Verbindung mit Wort und Sprache. Klang ist in der indischen Kosmologie die vibrierende Essenz, der »Blueprint« und das ordnende Muster aller Dinge: vom subatomaren Partikel über den menschlichen Organismus bis hin zur Galaxie. Dieses Konzept ist vergleichbar mit dem biblischen »Im Anfang war das Wort«.

Beim Schreiben dieses Kapitels kommt mir immer wieder ein Bild in den Sinn, das wir alle aus den Märchen unserer Kindertage kennen: Als dunkle Fee spinnt die Göttin summend den Faden, aus dem das Gewebe des Lebens gebildet wird. Ihr Summen ist das ewig widerhallende OM, aus dem das Universum entstanden ist. Es ist das große Ja, mit dem alles beginnt, in kosmischen Dimensionen ebenso wie in deinem nächsten Projekt.

Um Taras Summen als *nicht manifestes Wort* richtig einordnen zu können, lohnt es sich, einen Blick auf das faszinierende Sprachverständnis der Tantriker zu werfen. Wie alles andere im Universum ist auch das Wort zu Form verdichtete Energie. Es unterliegt Prozessen von Verdichtung und Verfeinerung, die sich über vier Ebenen erstrecken. Bevor es über deine Lippen oder zu Papier kommt, durchläuft jedes Sprachkonstrukt einen Prozess der Kontraktion hinein in die Form, mündend in seinem differenzierten Ausdruck.

Vak, das Wort, verdichtet sich auf folgendem Weg vom Formlosen zum Manifesten:

1. ***Para Vak*** – transpersonelle, undifferenzierte Urschwingung, aus der alles hervorgeht

2. ***Pashyanti Vak*** – wortlose Vibration von Gedanken und Gefühlen, oft unbewusst

3. ***Madhyama Vak*** – innerer Dialog unserer Gedanken bestehend aus Wortfragmenten und Bildern

4. ***Vaikhari Vak*** – reguläre, mitteilende Sprache, geprägt von Subjekt-Objekt-Dualität

Tara symbolisiert den Übergang aus dem nicht manifesten Feld der Einheit hinein in die differenzierende Fragmentierung von Form und Gestalt. Ihre Energie ist ein offenes Feld von Möglichkeiten, das sich noch nicht in den konkreten Ausdruck hinein verdichtet und damit limitiert hat. Taras schöpferische Kraft verwirklicht sich daher vor allem auf der fein schwingenden, präverbalen *Pashyanti*-Ebene der Sprache. Der individuelle sprachliche Ausdruck dann, den wir in *Madhyama* und *Vaikhari Vak* finden, ist die Domäne der Göttin Matangi, der wir uns später im Buch zuwenden.

Tara im Leben begegnen

Tara ist die Urmutter deiner Kreativität und der leuchtende Stern deiner Inspiration. Hell scheint er in der Grenzenlosigkeit des nächtlichen Himmels, als Erinnerung an deine göttliche Natur und ferne Ahnung eines Lebens jenseits von allem, was du gemeinhin für möglich hältst. Begegne der Göttin als summende Muse, als vibrierende Energie kreativer Intuition, die jeder schöpferische Akt nimmt, noch bevor er sich in Worte fassen lässt.

Wie Kali wird sie von dir verlangen, dein begrenztes Ich hinter dir zu lassen und deinen Kopf auf ihrem Altar darzubringen, damit sie dich in die Tiefe deines schöpferischen Potenzials führt. *Tara fordert dich auf, aus der Grenzenlosigkeit deiner tiefsten, wahrhaftigsten Natur heraus zu erschaffen und nicht aus dem konditionierten Käfig des Egos.*

Mit Schwert und Schere durchtrennt sie dazu alles, was dich limitiert und bindet.

Dazu gehört vor allem deine eigene Vorstellung von dir als Schöpferin, wie das in Kapitel 3 des ersten Teils geschilderte *Karma-Mala* sie hervorbringt. Tara hält dich an, dich in jedem kreativen Prozess nicht als »Macherin«, sondern als offenen Kanal zu erfahren, durch den sich die universelle Schöpfungskraft des Weiblichen manifestiert.

Die Göttin lässt dich sprichwörtlich *aus dem Vollen schöpfen,* wenn du den Weg alles Werdens als sich verdichtenden Prozess begreifst, der der Einheit entspringt. Dazu musst du lernen, ihrem Summen zu lauschen, damit es *durch dich* wirken und sich verwirklichen kann. Wenn du still genug wirst, wird dir Tara offenbaren, wie jede Idee, jede Vision und jeder Gedanke in der Grenzen- und Formlosigkeit des reinen »Ich bin« entsteht.

Tara Sadhana

Tara ist, wie wir gesehen haben, eng verbunden mit der präverbalen *Pashyanti-Ebene* der Sprache. Das macht sie zur idealen Begleiterin für *Bhavana,* schöpferische Kontemplation, die Worte nicht nur als Information, sondern auch als kreative Energie begreift. Wie wir im Kapitel über Kali gesehen haben, geht es in dieser Praxis weniger um ausformulierte Antworten, sondern vielmehr um intuitive Erkenntnis, die dem Gefühl entspringt.

Tara kontemplieren

Die zweite der Mahavidyas bringt dich mit der dir innewohnenden Schöpfungskraft in Kontakt. Vergegenwärtige dir noch einmal, dass jede der Weisheitsgöttinnen gleichermaßen eine universelle Kraft ist, die überall im Kosmos wirkt, wie auch ein Aspekt von dir selbst, den du als mikrokosmisches Abbild des großen Ganzen erwecken und kultivieren kannst. *Tara kontemplieren heißt, das eigene kreative Potenzial jenseits aller Limitierungen zu erforschen.*

Die selbstauferlegten Beschränkungen unserer Schöpfungskraft resultieren aus der Überidentifizierung mit dem vergänglichen, kleinen Ich. Tara führt dich, ebenso wie Kali, darüber hinaus, indem sie allen Vorstellungen, die du über dich selbst hast, mit scharfer Klinge den Garaus macht. Kali tut es, um dir zu zeigen, wer du wirklich bist, immer warst, immer sein wirst; Tara, um dich in dein volles schöpferisches Potenzial zu bringen.

Kontemplationsanstöße:

Welche kreativen Potenziale schlummern in mir, die noch nicht zum Ausdruck gekommen sind, weil ich mir selbst im Weg stehe?

Wo in meinem Leben schöpfe ich aus dem Vollen, das heißt aus einem Gefühl von Freiheit und Freude heraus, das nicht durch Vorbehalte, Abwägungen und Überlegungen eingeschränkt ist?

Diesen zweiten Kontemplationsanstoß möchte ich mit einem Beispiel aus meinem Leben erhellen. Meine Tätigkeit als Yoga-Lehrende gibt mir regelmäßig Gelegenheit, schöpferisch tätig zu werden, zum Beispiel wenn ich Kursformate, Trainings oder Workshops konzipiere. Ich kann an mir selbst dabei zwei unterschiedliche Vorgehensweisen beobachten: An meinen kreativeren Tagen fallen mir scheinbar mühelos Ideen in den Schoß, die ich nicht weiter hinterfrage, weil ich spüre, dass sie Kraft besitzen, auch wenn ich gerade noch nicht überblicken kann, wohin das alles führt. Dann fühle ich mich angebunden an das große, schöpferische Gewebe des Lebens, und die Göttin zwinkert mir zu. Auch die Umsetzung steht dann in der Regel unter Taras gutem Stern, und die Dinge fügen sich erstaunlich mühelos.

Meine besten Ideen entstehen auf diese Weise, aus dem Nichts, aus einer offenen Weite. Ich finde sie durch *Zufall,* ohne angestrengt danach zu suchen. Wenn uns etwas auf diese Weise zu-*fällt*, sprechen Tantriker von *Shakti-Pat:* Shakti bedarf an dieser Stelle des Buchs hoffentlich keiner weiteren Erklärung, und das Sanskrit-Wort *Pat* beschreibt einen schnellen, plötzlichen Fall. Es sind ja auch gar nicht *meine* Ideen, die mir da kommen, ich war nur empfänglich genug, um sie zu kanalisieren. (Das leidige Thema der Possessivpronomen beleuchten wir in Chinnamastas Kapitel.)

Aber es gibt auch andere Tage: Da kreiere ich aus der Begrenzung des kleinen, separaten Ich heraus. Statt in absichtslosem Lauschen beginne ich mit der ergebnisorientierten, berechnenden Frage: »Welches Produkt könnte ich in die Welt setzen, das großen allgemeinen Zuspruch findet (und deshalb gut gebucht wird)?« Ich schöpfe dann aus dem Kopf heraus und nicht aus dem Herzen, und das heißt: aus Begrenzung, Trennung und Mangel und nicht aus Freude, Verbundenheit und Fülle.

Es ist durchaus klug, Kreativität immer wieder aus *beiden* Blickwinkeln zu betrachten, denn das System, in dem wir leben, erfordert vorausschauende Berechnung. Wie immer im Tantra geht es hier nicht um Bewertung, sondern um *Bewusstsein.* Taras erhobenes Schwert symbolisiert *Unterscheidungskraft:* Es fordert uns auf, uns darüber klar zu werden, wessen Geistes Kind unsere Kreationen sind. Daraus resultiert eine Wahlmöglichkeit und die Freiheit, *ganz bewusst* aus dem Vollen zu schöpfen – oder aber, uns *ganz bewusst* von rationalen Überlegungen einschränken zu lassen.

Tara in deinem Atem

Die Fähigkeit zu *lauschen* und zu *empfangen* ist essenziell für unsere Kreativität. Du kannst Taras summendes Potenzial im Klang deines Atems wahrnehmen, indem du deine Ausatmung hörbar machst. Die klassische yogische Technik hierfür ist *Brahmari,* die »Bienenatmung«.

Finde dazu einen aufrechten Sitz auf einem Meditationskissen oder Stuhl. Schließe die Augen und nimm ein paar tiefe, aber entspannte Atemzüge. Atme dabei durch die Nase ein und »seufze« den Atem durch den Mund aus.

Mit weich geschlossenen Lippen beginne jetzt, jede Ausatmung in ein sanftes Summen zu färben. Achte darauf, dass es hoch genug ist, um eher im Kopf als im Brustkorb zu vibrieren. Lass das Summen mit der Ausatmung verklingen und tauche für einen Moment in die sich ausbreitende Stille ein, bevor du erneut einatmest.

Nach einigen summenden Ausatmungen kannst du feststellen, wie sich das Summen unhörbar als stille Vibration, als innerer Klang, fortsetzt, auch wenn du keinen Ton erzeugst.

Lass nun die Technik ziehen und bleib in Stille sitzen, mit dem ganzen Körper dem unhörbaren Summen der Göttin lauschend. Lausche der Vibration grenzenloser Kreativität, die dich umgibt, durchdringt und erweckt.

Tara im Vijnana Bhairava Tantra

Als *großes Pranava* repräsentiert Tara die schöpferische und schützende Kraft von Mantra und damit eines der zentralen Themen der tantrischen Traditionen, die sich selbst als *Mantramarga,* den Weg des Mantra, bezeichnet haben.

Ich habe aus dem *Vijnana Bhairava Tantra* drei klassische Atem- und Klangtechniken herausgesucht, durch die du Taras Energie erfahren kannst.

In Vers 24 begegnet uns als erste der 112 Dharanas *Visarga* und damit die für die tantrische Praxis typische Atemlenkung. Sie kann als Vorbereitung für alle Techniken des Texts verstanden werden, die um Atem und *Prana* (Lebensenergie) kreisen, und vermittelt uns in der körperlichen Erfahrung, dass jeder Atemzug denselben universellen Prinzipien von Werden und Vergehen unterliegt wie alles andere auch.

Den Atem mit der Aufmerksamkeit zu begleiten, ist die wohl geläufigste Meditationsform in allen Traditionen weltweit.

Vers 24 vermittelt uns in aller Kürze die Bewegungsrichtung des Atems, aber um diese Technik wirklich praktizieren zu können, braucht es noch einiger Erläuterung, wie wir sie in den verschiedenen Kommentaren zum Text vorfinden.

Die Göttin pulsiert beständig zwischen zwei Punkten als die Lebenskraft des Atems: mit der Ausatmung aufsteigend und mit der Einatmung hinabströmend ins lebendige Manifeste. Erfahre den Zustand göttlicher Fülle in den Pausen an den beiden Wendepunkten des Atems. || 24 ||

Das Schlüsselwort dieses Verses, das der Technik ihren Namen gibt, ist *Visarga,* was auf Sanskrit nicht nur »Entstehung« oder »Schöpfung« bedeutet, sondern in der Grammatik auch einen »Doppelpunkt« benennt. Der Atem pulsiert zwischen zwei vertikal übereinanderliegenden Punkten im Zentralkanal unseres feinstofflichen Körpers, der im Hatha-Yoga üblicherweise als *Sushumna* und im Tantra als *Madhya* bezeichnet wird. Er erstreckt sich als Zentralachse vom Beckenboden bis zum Scheitel – und noch etwas darüber hinaus, weil dein Energiekörper über die Grenzen der Haut hinausreicht.

Der obere der beiden *Visarga*-Punkte ist die äußere Begrenzung deines feinstofflichen Körpers und der Ursprungsort der Einatmung. Er liegt als spürbares Energiefeld zwölf Finger breit oberhalb der Kopfkrone und wird deshalb als *Dvadashanta* bezeichnet (*dvada* = 12).

Der untere Punkt liegt in der vertikalen Mitte deines Zentralkanals und befindet sich ungefähr hinter dem unteren Ende des Brustbeins. Er wird *Hrdaya* genannt. Obwohl sprachlich mit dem deutschen Wort »Herz« verwandt und auch oft als »Lotos des Herzens« bezeichnet, geht es hier nicht um das links im Körper gelegene blutpumpende Organ, sondern um den zentralen Punkt in deinem System, an dem du deine Essenz am deutlichsten wahrnehmen kannst. Im *Hrdaya* wendet der Atem, und die Einatmung wird zur Ausatmung.

Du kannst den ewigen Kreislauf von Werden und Vergehen in jedem einzelnen Atemzug erkennen: Die zum *Hrdaya*, also mitten ins Leben hinein, abwärtsströmende Einatmung entspricht dem Weg der Manifestation und Verdichtung, den jede Schöpfung nimmt. Die aufsteigende und sich im *Dvadashanta* über der Kopfkrone verlierende Ausatmung entspricht dem Weg der Auflösung und Befreiung aus den Grenzen der Form.

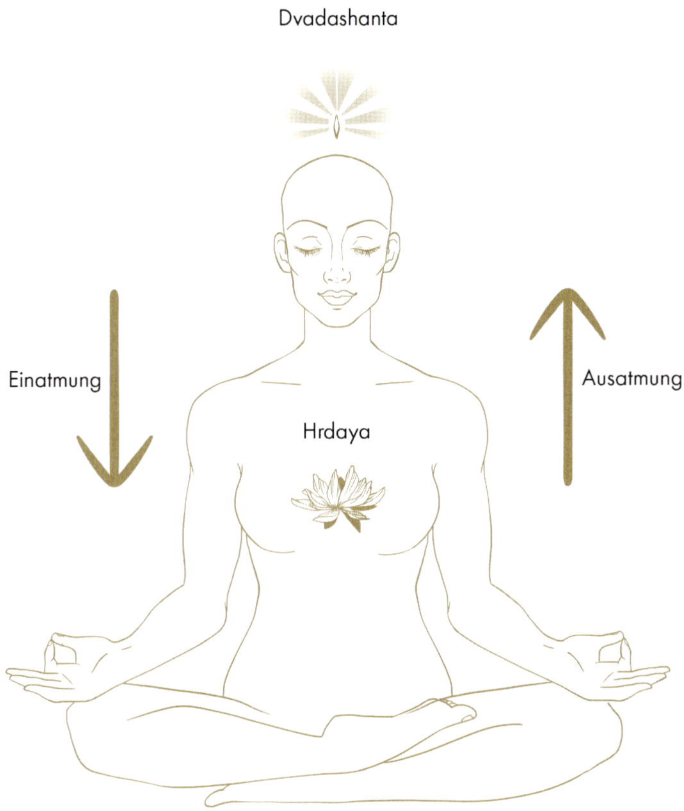

So geht es Schritt für Schritt:

1. Finde einen guten Sitz und entspanne in den Raum oberhalb deiner Kopfkrone. Lass deine Aufmerksamkeit hier im *Dvadashanta* ruhen, während dein Atem ruhig und gleichmäßig pulsiert.

2. Beginne nun, jede Einatmung von hier aus zu initiieren und entlang der Zentralachse deines Körpers langsam abwärtsströmen zu lassen, bis sie im Herzen, im *Hrdaya,* zur Ruhe kommt.
3. Halte hier einen kurzen Moment lang inne, vielleicht ein bis zwei Sekunden, gerade lang genug, um die Atempause wahrzunehmen, bevor die Ausatmung von hier wieder einsetzt.
4. Folge der Ausatmung mit deiner Aufmerksamkeit aufwärts, bis sie sich im Raum des *Dvadashanta* über der Kopfkrone in der Formlosigkeit verliert.
5. Nimm den Moment der Stille wahr, wenn dein Atemzug über der Kopfkrone verklungen ist, und beginne von Neuem.
6. Zur Verfeinerung: Wenn du die Visarga-Atemlenkung einige Zyklen lang erforscht hast, kannst du damit experimentieren, den Atem hörbar zu machen. Dazu verengst du mit der Einatmung mit geschlossenen Lippen die Stimmritze, damit ein sanftes Rauschen in der Kehle entsteht. (Yogis kennen diesen Laut aus der Ujjayi-Atmung.) Bei der Ausatmung kannst du den Mund leicht öffnen und ein sanftes »Haaaaa« hauchen, um das Verklingen des Atems besser wahrzunehmen.

Zum Schluss eine Anmerkung: In den klassischen tantrischen Atemlenkungen strömt die Einatmung abwärts, die Ausatmung steigt auf. Das mag dir womöglich ungewohnt vorkommen, denn im modernen Yoga wird oft unterrichtet, dass wir aufwärts einatmen und zurück Richtung Boden ausatmen, weil das der äußeren Bewegung des Brustkorbs entspricht. Tantrisches Yoga ist eine sehr feinstoffliche Praxis und orientiert sich daher an der inneren Bewegung, die die Atemluft und -energie nimmt: Sie fließt mit der Einatmung abwärts und steigt mit der Ausatmung auf. Dabei folgt sie der Bewegung deines Hauptatemmuskels, des Zwerchfells, das sich mit jeder Einatmung abwärts zusammenzieht und sich mit der

Ausatmung loslassend wie ein Fallschirm in den unteren Rippenbögen aufwärts aufspannt.

Wenn du dich mit dem abwärtstauchenden und aufwärtsströmenden Fluss des Atems durch *Visarga* vertraut gemacht hast, kannst du in Vers 39 *Uccara* erforschen, eine Klangtechnik, die ein einsilbiges Mantra im Zentralkanal aufsteigen lässt. Sie gehört in allen tantrischen Schulen zu den Grundübungen und wird am häufigsten mit der Pranava-Silbe OM praktiziert. *Uccara* ist die vielleicht kraftvollste Methode, um Taras Energie in dir zu erwecken.

Lass den Geist in der Leere ruhen,
da, wo der vollkommene Laut
der heiligen Silbe OM verklungen ist.
So führt dich Shakti, die Göttin selbst, in die offene
Weite, aus der alles hervorgeht. || 39 ||

Für diese Technik lassen wir die Vibration des Mantras OM durch die Zentralachse aufsteigen, und zwar vom Beckenboden bis durch die Kopfkrone. Damit der Klang seinen vollen Weg bis zum *Dvadashanta* über der Kopfkrone zurücklegen kann, kommt es auf die Feinheiten der Intonation an: Vielleicht hast du das OM schon öfters gechantet, zum Beispiel zu Beginn einer Yoga-Klasse, und dabei den letzten seiner drei Laute A-U-M mit geschlossenen Lippen summend verklingen lassen. Dagegen ist nichts einzuwenden, für die Praxis des Uccara jedoch musst du die Aussprache etwas verändern. Hier wird das OM als O-N-G intoniert, das heißt, du beginnst mit geöffnetem Mund ein *nasales* O und schließt ihn, während du tönend ausatmest, langsam, aber nicht komplett. Die Lippen bleiben leicht geöffnet, wenn der Ton verklingt!

Probiere beide Varianten aus, A-U-M und O-N-G, und du wirst merken, dass im ersten Fall die Vibration im Mundraum zum Erliegen kommt, während sie im zweiten Fall als Klangnadel das Gaumengewölbe durchbricht und bis über die Kopfkrone aufsteigen kann.

So geht es Schritt für Schritt:

1. Finde einen entspannten, aufrechten Meditationssitz. Folge dem Atem mit deiner Aufmerksamkeit, einatmend vom Dvadashanta abwärts bis in den Beckenboden, ausatmend zurück in den Raum oberhalb der Kopfkrone.
2. Fahre so einige Atemzüge lang fort und beginne dann, die Ausatmung als sanftes »Haaaa« auszuhauchen. Entspanne dabei Kiefer, Lippen und Zunge.
3. Vertiefe die Einatmung dann ein wenig und beginne, mit jeder Ausatmung ein O-N-G zu tönen, ohne dass sich die Lippen ganz schließen. Gib dem Klang dabei das freudvolle innere Gefühl eines Ja. Atme tief ein in die Mitte deines Beckenbodens und lass die Ausatmung von deiner Wurzel aus als Pranava in dir aufsteigen, bis sie über der Kopfkrone in der Stille verklingt.
4. Bleibe mindestens 10–20 tönende Atemzüge dabei: Die pulsierende Energie von Taras Pranava führt deinen Geist in die stille, offene Weite oberhalb der Kopfkrone, aus der alles entsteht. Als dein Atem führt dich die Göttin ins allumfassende Bewusstsein, Shakti bringt dich zu Shiva.
5. Lass die Technik allmählich verklingen und spüre in stillem Lauschen nach.

Zum Abschluss dieses Kapitels zwei Verse, die dir die grundsätzliche Heiligkeit deines Atems bewusst machen. Ihre kürzeste Interpretation lautet:

Lass jeden Atemzug ein Gebet sein.

Das *Vijnana Bhairava Tantra* empfiehlt, dazu den Atem mit dem Mantra *HAM-SA* zu verknüpfen. Diese Umkehrung des bekannten Meditations-Mantras *SO-HAM*, das unsere Einheit mit dem Göttlichen zum Ausdruck bringt (*sah-aham* heißt »ich bin er/es«), wird in vielen tantrischen Schulen verwendet. Die zwei Silben greifen den inneren Klang von Ein- und Ausatmung auf und dienen – im Stillen rezitiert – dem Geist in der Meditation als Stütze.

Mit dem Laut sa strömt der Atem aus und
mit dem Laut ha strömt er ein.
Daher rezitiert jedes Lebewesen beständig das
Mantra: hamsa – hamsa. || 156 ||

Du atmest also ein auf ein stilles inneres *HAM* und aus auf *SA*. Kombiniere dieses Atem-Mantra mit der Visarga-Technik aus Vers 24 einige Minuten lang in einer sitzenden Meditation.

Oder benutze es als spontane Mikro-Praxis einige Atemzüge lang immer wieder zwischendurch, um über deinen Atem für ein paar Momente mit dem reinen Sein in Kontakt zu treten.

Dieses heilige Mantra der Göttin atmet jedes
Lebewesen Tag und Nacht 21.600 Mal.
Es ist mühelos zu rezitieren, nur den Unwissenden
erscheint es schwierig. || 157 ||

Wenn du dir der Heiligkeit deines Atems bewusst bist, wird jeder Atemzug ganz von selbst eine Huldigung an die Göttin. Er ist ein heiliges Mysterium von Werden und Vergehen, pulsierende Brücke zwischen Körper und Geist und dein Ja zu einem freudvollen, schöpferischen Leben.

Lalita Tripura Sundari – die Kraft der Sehnsucht

*Creation arises in joy, abides in joy
and returns to joy.*

David Frawley

Alles ist IHR Spiel

Es ist einer jener notorisch dunklen Novembertage. Ich bin gerade dabei, mir einen Kaffee zu machen, als der seit Tagen grau verhangene Himmel plötzlich aufreißt und die Sonne für einige kostbare Momente freigibt. Ihre Strahlen brechen sich in den kristallenen Lichtfängern in unserem Küchenfenster und werfen tanzende Regenbogen an die Wand. In stiller Ergriffenheit über dieses unerwartete Schauspiel lasse ich die Tasse sinken. *»Erkenne dein eigenes Wesen im Spiel tanzender Lichter«,* heißt es in Vers 76 des *Vijnana Bhairava Tantra.* Und wirklich, es ist, als ob mir die Göttin die ganze geheimnisvolle Schönheit des Lebens in diesem Moment offenbart.

Lalita Tripura Sundari verkörpert die Magie der Schöpfung. Sie ist die »Sexyness« des Lebens, die Kraft der Sehnsucht, der Magnetismus, der das Universum im Innersten zusammenhält. Wenn wir ihr begegnen, erkennen wir, dass alles aus Liebe entstanden ist, von Liebe zusammengehalten wird und in Liebe wieder vergeht.

Die dritte der Mahavidyas bildet die erste Fragmentierung im schöpferischen Feld der Einheit. Aus Kalis dunklem Urgrund und Taras summender Potenzialität entsteht nun der erste Impuls hin zu Form und Gestalt. Und Shakti, der manifestierende Aspekt des EINEN Absoluten, beginnt sich in drei übergeordnete Kräfte aufzuspalten, die allem, was in diesem Universum entsteht oder geschieht, zugrunde liegen:

1. **Iccha Shakti:** *Wille, Impuls oder Sehnsucht*
2. **Jnana Shakti:** *Wissen oder Vorstellungskraft*
3. **Kriya Shakti:** *Handlung oder Verwirklichung*

Lalita Tripura Sundari bildet als *Iccha Shakti* die erste dieser drei universellen Urkräfte; die in den nächsten zwei Kapiteln folgenden Göttinnen die beiden anderen. In den ersten fünf der Mahavidyas kannst du Schritt für Schritt den Weg der Verdichtung verfolgen, den jede Schöpfung nimmt: vom transzendenten Urgrund hinein ins Manifeste, hinein in Form und Gestalt.

In unserem feinstofflichen Körper bilden die sieben Energiezentren des Chakra-Systems diesen Weg der Manifestation und Verdichtung ab, beginnend in der Kopfkrone und entlang der Wirbelsäule absteigend bis zum Wurzelchakra im Beckenboden. Lalita pulsiert im Kronenchakra, ihr Sitz ist *Sahasrara,* der tausendblättrige Lotos oberhalb des Scheitels, wo sie sich mit Shiva vereint. Sie ist das Prisma, in dem sich das Licht der Einheit bricht und zum Regenbogenspektrum unserer Chakras wird.

Die Göttin Tripura Sundari ist unter vielen verschiedenen Namen bekannt, die Aufschluss über ihre Macht und ihren unwiderstehlichen Zauber geben. *Sundari* heißt auf Sanskrit »Schönheit«. *Tripura* bedeutet »drei Welten« oder »drei Orte« – Symbol der vielen Triaden, die uns in der indischen Philosophie und Kosmologie begegnen. Diese Dreiheiten finden sich in den feinstofflichen Modellen unseres psycho-energetischen Körpers ebenso wie im metaphysischen Weltbild. Tripura Sundari verkörpert im Mikrokosmos unseres Körper-Geist-Systems ebenso wie im Makrokosmos des Universums eine *allumfassende Schönheit,* die das Transzendente und das Immanente gleichermaßen durchdringt.

Ihrer wahrhaft königlichen Natur gemäß wird die dritte der Mahavidyas auch *Rajarajeshwari* genannt, »Herrscherin der Herrscher« (*Raja* = König). Im berühmten *Lalita Sahasraranama* – dem Text, der ihre Gestalt, ihren mythologischen Kampf gegen den Dämon Bhandasura und ihre tausend Namen beschreibt – erfahren wir, dass die Göttin mit den Kronjuwelen Brahmas und Vishnus geschmückt ist: Die großen Götter sollen sie verloren haben, als sie sich ihr zu Füßen warfen. Ein typisch tantrisches Szenario, dass das Weibliche als rettende kriegerische Kraft beschreibt, die Dämonen besiegt, während das Männliche macht- und hilflos ist.

Als *Lalita* ist die Göttin eine verspielte Verführerin, die mit müheloser Leichtigkeit und zum schieren Vergnügen ganze Universen kreiert.

Als *Kamakala* (*Kama* = Begehren) schließlich verkörpert sie die Kraft des Begehrens als Motor jeder Handlung und Schöpfung.

Lalita Tripura Sundari ist die unwiderstehliche Sehnsucht des EINEN, sich in der Vielfalt auszudrücken und zu erfahren. Das EINE Absolute verschenkt sich ans Leben, indem es in einem Prozess der freiwilligen Selbstlimitierung Form und Gestalt annimmt. Und es re-absorbiert die fragmentierte Form, seine Schöpfung, schließlich wieder zurück in die Einheit, aus der sie entstanden ist, zurück in Kalis stillen Urgrund. *Tripura Sundari verkörpert gleichermaßen die Sehnsucht nach Manifestation wie auch die Sehnsucht nach Auflösung und Befreiung aus den Grenzen der Form.*

Das zeigt sich auch in ihrer geometrischen Form, dem berühmten *Shri-Yantra,* einem abstrakten, mikrokosmischen Abbild des Universums. Seine sich durchdringenden Dreiecke streben gleichzeitig himmelwärts ins Transzendente und erdwärts ins Immanente als Symbol für die untrennbare Einheit von Shiva und Shakti.

Die Gestalt der Göttin ist so verführerisch wie ihre Energie. Rosig leuchtend wie die Morgenröte thront sie in vollendeter Schönheit auf einem Lotos – oft getragen von vier männlichen Gottheiten. Shiva selbst dient ihr als Sitzfläche. Die Göttin ist gewandet in rote Seide, königlich geschmückt, die nektarspendende Mondsichel als Krone im Haar. Ihre vier Arme präsentieren den Spornstab, Symbol für die treibende Kraft unserer Sehnsüchte und Begierden, und die Schlinge, die uns bindet und zügelt. Außerdem einen Bogen aus Zuckerrohr und fünf blumengeschmückte Pfeile, die süße Versuchungen und Gelüste symbolisieren, die über unsere menschlichen Sinne zu uns kommen.

Lalita Tripura Sundari verkörpert in ihrer anmutigen Gestalt die Schönheit und Glückseligkeit, die wir wahrnehmen, wenn wir die Welt jenseits aller Dualität mit den Augen der Einheit sehen. Ihr Zauber reicht über das Offensichtliche, Oberflächliche hinaus in die Tiefe, in die innere Essenz der Dinge.

Lalitas Energie lädt uns ein, die wortlose, lebendige Schönheit und Heiligkeit des Lebens in allem zu sehen, jenseits von allen Vorstellungen und Konzepten, jenseits der Perfektion der äußeren Form. Uns jeden Tag aufs Neue in das verführerische Spiel der Göttin zu verlieben. Und uns staunend dem Eros des Lebens hinzugeben.

Lalita im Leben begegnen

Lalitas Schwingung ist spielerische Freude und königliche Anmut. Sie verkörpert die Macht des Weiblichen, das mit Charme und Liebe regiert, und nicht mit Druck und Gewalt. Ihre königliche Souveränität erhebt uns vom Spielball zum Gestalter unseres Lebens. In Lalita begegnet uns das schöpferische weibliche Prinzip in seiner verführerischsten, erwachtesten und erhabensten Form.

Die Göttin tanzt in uns als die manifestierende Energie von Sehnsucht und Begehren. Sie lehrt uns, im Bewusstsein unserer wahren Natur *aus der Freude heraus* zu kreieren, um unser ganzes menschliches Potenzial zu verwirklichen.

Die schöpferischen Energien der Mahavidyas arbeiten dabei Hand in Hand: Kali lässt uns erkennen, wer wir unterhalb des flüchtigen »Dramas« unseres Lebens wirklich sind. Tara bringt uns dann durch diese Erkenntnis in die Fülle unseres kreativen Potenzials. Lalita schließlich offenbart uns den *Prozess* der Schöpfung.

Dazu müssen wir uns erst einmal erlauben, vom Tun ins Sein zu finden, damit unsere von Perfektionismus, Effizienz und Selbstoptimierung befeuerte Ergebnisorientierung der Leichtigkeit weichen kann. Wie oft in deinem Leben hast du so verbissen auf ein Ziel hingearbeitet, dass du am Ende zu ausgebrannt warst, um die Früchte deiner Anstrengung wirklich zu genießen?

Lalita vermittelt uns einen Weg, der die spielerische Freude am schöpferischen Prozess in den Mittelpunkt stellt. Erstaunt stellen wir fest, wie mühelos sich alles fügt, wenn wir die Dinge öfter einmal zu uns kommen lassen, anstatt ihnen im Hamsterrad hinterherzujagen. Und tatsächlich: Es darf auch leicht gehen.

Dabei werden weitverbreitete Glaubenssätze auf den Kopf gestellt, die unseren Selbstwert durch Leistung definieren: Das Ergebnis zählt, nicht der Weg dorthin oder unser innerer Zustand dabei.

Lalita ermutigt uns, die vielen Arten, wie wir uns in unserem Schaffen beschränken und der Freude berauben, in einem befreienden Akt der Selbstliebe auf ihrem Altar darzubringen. Unseren perfektionistischen Anspruch an uns selbst. Unseren Glauben, dass wir nicht hart genug gearbeitet haben, um Glückseligkeit zu verdienen. Das verlegene Schuldbewusstsein, das wir empfinden, wenn uns alles einfach so zufällt. Die Art, wie wir uns selbst klein machen. Die Angst vor unserer Macht.

Wenn wir mit Lalitas Energie verbunden sind, erlauben wir uns endlich, »Queen« zu sein und der Kraft unserer Sehnsucht zu folgen, um staunend eine Welt voller Schönheit und Leichtigkeit zu entdecken.

Lalita Sadhana

Mit Lalitas Segen lernen wir, uns die schöpferische Energie unserer Sehnsucht zu erschließen und einen bewussten Umgang mit unseren Wünschen und Begierden zu kultivieren. Es gibt in meinem Verständnis einen Unterschied zwischen »Sehnsucht« und »Begehren«: Sehnsucht entsteht mehr im Herzen als durch Äußeres. Begehren hingegen mehr durch das, was unsere Sinne uns vermitteln; es ist konditionierter durch unsere Umwelt.

Aber ob nun Sehnsucht oder Begehren: Wenn es in deinem Bewusstsein aufsteigt, darfst du es im Tantra mit einer gewissen Gelassenheit und ohne Schuldgefühl betrachten. Das unterscheidet die tantrische Spiritualität von Traditionen, die sich Entsagung und Askese auf die Fahnen geschrieben haben.

Mach allerdings nicht den Fehler zu glauben, dass dich die Erfüllung deiner Begierden wahrhaftig glücklich machen wird. Verstehe Sehnsucht und Begehren als Ausdruck deiner Lebendigkeit, deiner Kreativität, deines Potenzials und als Einladung, deine Anwesenheit auf diesem Planeten zu feiern und auszukosten. Doch betrachte sie nicht als Weg zu dauerhafter Glückseligkeit, die erst im Erkennen deiner wahren, göttlichen Natur möglich wird.

Dein Lebensglück entsteht nicht in der Erfüllung deiner Wünsche, sondern indem du lernst zu lieben, was *ist. Alles,* was ist. So wie es *jetzt* ist. Dich selbst und dein Begehren eingeschlossen. Tantra sagt: Genieße und erlebe dein Verlangen als Motor, als *Iccha Shakti*, egal, ob es am Ende befriedigt wird oder nicht. Sei fasziniert oder gar berauscht von deinen Sehnsüchten, und zwar im Hier und Jetzt, statt von einer Zukunft zu träumen, in der dein Begehren endlich Erfüllung gefunden hat – nur um dann festzustellen, dass diese Art von Glück von kurzer Dauer ist.

Das bedeutet auch, dich selbst genau so anzunehmen und zu lieben, wie du *jetzt* bist. Es gibt nichts an dir, was du verändern, verbessern oder loswerden musst, auch nicht deine Sehnsüchte, Begierden oder Gefühle. Du bist vollkommen, genau so, wie du bist. Du bist das EINE, das für den flüchtigen Moment eines Lebens in deiner einzigartigen Form tanzt.

Lalita kontemplieren

Wie immer geht es darum, in Stille mit einer Frage zu sitzen, ohne angestrengt eine Antwort zu suchen. Gib stattdessen deiner Kontemplation eine »Lalita-Qualität«, indem du die Antwort einfach zu dir kommen lässt – als Gefühl, Bild oder Ahnung, oder auch in Form von Worten und Gedanken. Das Prinzip ist einfach und lässt sich in vielen Lebenssituationen anwenden: *Du entspannst und erlaubst dir, zu empfangen. Das ist der Weg des Weiblichen.*

Kontemplationsanstöße:

Wonach sehne ich mich im tiefsten Herzen?

Wie fühlt es sich an, wenn das, was ich tue, Ausdruck meiner Sehnsucht ist?

Wo in meinem Leben erlaube ich mir nicht, einfach »Queen« zu sein?

Wenn Wünsche, Begierden und Sehnsüchte in unserem Bewusstsein auftauchen, ist es wichtig zu hinterfragen, woher sie kommen:

Sind sie Ausdruck von Mangel, entstanden aus sozio-kultureller Konditionierung und einem Gefühl, »nicht zu genügen«, also aus der Begrenzung des Egos und der Illusion der Trennung? Oder sind unsere Sehnsüchte der Verbundenheit entsprungen und der Grenzenlosigkeit unserer wahren Natur, die dadurch ihren Ausdruck finden will? Können wir uns darin als *Instrument* der Schöpfung, als *Gefäß* des EINEN erkennen? (Es macht durchaus Sinn, noch einmal in den ersten Teil. noch einmal in den ersten Teil des Buchs zurückzublättern, wo wir in Kapitel 3 die drei *Malas* kennengelernt haben.)

Diese Unterscheidung ist oft alles andere als einfach, aber immer lohnend, denn sie erspart uns so manche Enttäuschung darüber, dass uns die Erfüllung bestimmter Wünsche und Sehnsüchte am Ende nicht wirklich glücklicher macht. Und sie bewahrt uns vor einer Spirale aus Anhaftung, Gier, Obsession und Unersättlichkeit, weil wir »nie genug kriegen«.

Hier sind ein paar hilfreiche Fragen, die du dir stellen kannst, wenn du dein Sehnen und Begehren zum Teil deiner spirituellen Praxis machen möchtest:

- *Warum wünsche ich mir das? Was steckt wirklich dahinter? Was wird sich dadurch in meinem Leben verändern? Wie lange wird mir die Erfüllung meines Wunsches wirklich Freude bereiten?*
- *Will ich mich damit aufwerten? Dient es mir lediglich als Verstärker meiner Ego-Identität (und hält mich dadurch am Ende gefangen im kleinen Ich) oder führt es mich in die Entfaltung meines Potenzials?*
- *Hätte ich denselben Wunsch, wenn ich wüsste, dass ich nur noch kurze Zeit zu leben habe, oder wäre er dann bedeutungslos? Werde ich an meinem Lebensende bedauern, dass ich dieser Sehnsucht nicht nachgegangen bin, weil etwas in mir unerfüllt geblieben ist?*

Lalita in deinem Atem

Um der Göttin in unserem Atem zu begegnen, müssen wir *vom Kopf ins Herz sinken.* Wenn du einen Augenblick über diesen Ausdruck nachdenkst, wird dir die ganze Problematik unseres Menschseins klar: Wer ist dieses Ich, warum sitzt es in unserem Kopf, und in wessen Herz sinkt es dann eigentlich? Sind das »sinkende Ich« und das System, durch das es sich bewegt, zwei getrennte Instanzen?

Die Integration des Körper-Geist-Systems gehört zu den wichtigsten Zielen der tantrischen Praxis, denn die Wahrnehmung unseres Selbst sitzt bei uns modernen Menschen in der Regel weit oben im Körper, hinter den Augen, im Gehirn. Vielleicht leben so viele von uns deshalb regelrecht außerhalb ihres Körpers – oder zumindest so weit oben an seiner Peripherie, dass sie eine übertrieben kopflastige und damit stark eingeschränkte Wahrnehmung des großen Ganzen haben.

Tantra ist der Weg vom Kopf ins Herz, dem Zentrum unseres Körper-Geist-Systems. Das ist der Weg des Weiblichen; er führt *abwärts,* ins Verkörperte, in die Tiefe. Um der Göttin zu begegnen, sinkst du also vom Kopf ins Herz, weil hier deine Sehnsucht ihren Ursprung hat. Sie entsteht aus dem Gefühl und nicht aus dem Verstand.

Eine simple und von mir schon oft erprobte Technik hierfür ist folgende Meditation:

Bring deine Aufmerksamkeit auf die Mitte deines Brustkorbs und visualisiere hier den »Ozean des Herzens«. Mit jeder Einatmung weitet sich dieser innere Ozean in alle Richtungen, dreidimensional und in einem Radius von 360 Grad.

Mit der Ausatmung lässt du nun deinen Geist, das Zentrum deiner Selbstwahrnehmung, vom Kopf aus abwärtstropfen, damit er sich im Ozean deines Herzens auflösen kann. Mit jeder Ausatmung sinkst du so vom Kopf ins Hez, und Tropfen für Tropfen löst sich dein Geist in der Weite des Herzens auf.

Lalita im Vijnana Bhairava Tantra

Im *Vijnana Bhairava Tantra* gibt es drei Verse, die sich mit *Iccha Shakti,* der Kraft des Begehrens, befassen. Zu beobachten, wie sich ein Impuls, Gefühl oder Gedanke in uns zu regen beginnt, ist eine typisch tantrische Praxis, die wir öfter im Text finden. Wie wir gesehen haben, ist Begehren im Tantra kein Problem, das unterdrückt werden soll, sondern ein wichtiger Motor der Schöpfung und eine kraftvolle Energie, mit der wir arbeiten können. Zu einem Problem wird es nur durch unsere Unwissenheit und Unbewusstheit.

Vers 96 lädt uns zunächst ein, den Moment, in dem ein Impuls entsteht, einzufangen und die Energie dieses Verlangens als »Kuss der Göttin« wahrzunehmen. Wir geben unserem Begehren Raum, ohne jedoch mental durch Gedanken und Vorstellungen darin verstrickt zu werden. Auf diese Weise trennen wir Impuls und Reaktion: In unbeteiligtem Beobachten lassen wir das Verlangen ziehen, ohne darauf einzusteigen.

Beobachte gelassen, wie sich in dir ein Impuls spontan
zu regen beginnt, und lass ihn gleich wieder los.
Er wird sich in derselben Stille wieder auflösen,
aus der er entstanden ist. || 96 ||

In den Monaten der Arbeit an diesem Buch hatte ich öfters Gelegenheit, mit diesem Vers zu praktizieren. In meiner Morgenmeditation kamen mir regelmäßig allerlei Ideen für das Kapitel, an dem ich gerade schrieb, und mit ihnen der Impuls, sofort aufzuspringen und den Gedanken am Computer festzuhalten, bevor er mir wieder entglitt. Ich habe gelernt, diesen Drang interessiert zu beobachten, ohne ihm nachzugehen, darauf vertrauend, dass wirklich Wichtiges später immer noch in meinem Geist präsent sein wird.

Und wirklich: Schon nach kurzer Zeit, nach wenigen Atemzügen bereits, ist er zurückgesunken in die friedliche Stille meiner Meditation, aus der er spontan entstanden war.

Die nächsten beiden Verse bieten uns dann zwei verschiedene Wege an, von hier aus weiterzugehen. Wenn sich die innere Regung des Verlangens gelegt hat, kannst du mit Vers 97 die Stille erforschen, aus der sie entsprungen und in die sie zurückgesunken ist. Finde heraus, wer du jenseits deiner Wünsche, Impulse, Vorstellungen und Gedanken bist, und erfahre dich als die stille Präsenz, das reine »Ich bin«, das allen inneren und äußeren Erfahrungen Raum gibt:

Wer bin ich, wenn meinem Bewusstsein keine
Wünsche und Gedanken entspringen?
Was dann bleibt, ist das reine »Ich bin«!
Löse den Geist in dieser Erkenntnis auf. || *97* ||

Wenn der innere Impuls des Verlangens noch nicht abgeklungen ist, nutze auch dies als Praxisgelegenheit. Vers 98 offenbart, wie du dir die Energie deiner Sehnsucht erschließen kannst:

Wenn Impulse und Gedanken auftauchen,
konzentriere dich auf ihre reine Energie und sei dir
stets bewusst, dass diese nichts anderes als Shakti ist
und Ausdruck deiner Wesensnatur. So erlangst du
Einsicht in das Wesen der Wirklichkeit. || *98* ||

Dieser Vers bedarf einiger Erklärung, damit wir ihn praktisch umsetzen können. Das tantrische Weltbild legt uns nahe, tiefer zu blicken und die Welt unterhalb der Oberfläche von Form und Gestalt als pulsierendes Energiegewebe wahrzunehmen. Das ist das im Vers zitierte und uns aus den ersten Kapiteln dieses Buchs bekannte »Wesen der Wirklichkeit«: *Alles ist Energie, die sich wellenförmig aus dem Ozean des Bewusstseins erhebt.*

Vers 98 lädt uns zu einer Gewahrseins-Meditation ein, in der wir die in uns aufsteigenden Impulse und Gedanken als Vibration begreifen, als Shakti-Welle, die sich in unserem Bewusstsein erhebt. Wenn wir uns dieser grundlegenden Natur unserer Impulse und Gedanken bewusst sind, können wir sie zu reiner Energie destillieren, ohne uns in ihren Inhalt zu verstricken.

Doch wie extrahieren wir die reine Energie eines Impulses oder Verlangens, trennen also das Begehren vom Subjekt unserer Begierde? Eine typisch tantrische und sehr wirkungsvolle Methode ist, uns auf die sinnlich-körperliche Erfahrung zu konzentrieren. Wo im Körper fühlen wir die Energie? Wie genau fühlt sie sich an?

Wir versehen den wahrgenommenen Impuls dazu mit allgemeinen Qualitäten wie Temperatur, Textur, Farbe und Bewegungsrichtung. Stell dir Fragen wie: Wenn dieser Impuls oder Gedanke einen Farbton hätte, welcher wäre es? Wenn mein Sehnen eine Textur hätte, wie würde sie sich anfühlen? Seidig? Klebrig? Stachelig? Weich?

Hier wieder ein Beispiel aus meiner Morgenmeditation: Wenn ich noch vor dem ersten Kaffee in Stille sitze, trifft mich einer von Lalitas Blumenpfeilen regelmäßig in Form des Gedankens: »Ich brauche einen Kaffee.« Anstatt über den Kaffee nachzusinnen, ihn mir bildlich vorzustellen, zu überlegen, ob ich meine Meditation unterbreche, um schon einmal die Kaffeemaschine anzuwerfen, konzentriere ich mich darauf, wie sich der Wunsch nach einem Kaffee in meinem Körper anfühlt: Ich empfinde Sehnsucht jeder Art als ein drängendes Ziehen im Herzraum, das mich aus meiner Mitte, regelrecht aus mir selbst heraus, zu ziehen scheint. Diese Regung erforschend tauche ich ein in die reine Energie des Impulses und beobachte, wie sie mich von innen erweckt. Auf diese Weise trenne ich mein Begehren vom Kaffee, bleibe präsent mit dem, was ist, und kann eine *bewusste* Wahl treffen, ob ich dem Impuls nachgehe oder ihn verklingen lasse. (Hartnäckige Sehnsüchte tauchen sowieso früh genug ganz von selbst wieder auf.)

Es ist wichtig, dass ich mir die Chance gebe, eine bewusste Wahl zu treffen – allzu leicht verfliegt sonst das *Sehnen,* und was bleibt, ist die *Sucht.*

Die Tantriker haben den Körper nicht als Hindernis, sondern als Instrument verstanden. In der Praxis mit Impuls und Begehren destillieren wir *durch die körperliche Erfahrung* Iccha Shakti, die reine Energie unserer Sehnsucht. Wir befreien sie von den Zerrfiltern unserer Konditionierungen, von unseren Geschichten und Prägungen, und machen sie *unpersönlich.* Erst wenn wir so von der Story ins Gefühl gekommen sind, können wir uns die manifestierende Kraft unseres Verlangens wirklich zunutze machen. Wir lösen also die äußere Schicht von mentalen Konstrukten ab und führen unserem System die reine Energie der inneren Regung zu. So, als ob wir eine Banane schälen, bevor wir sie verdauen und uns ihre Nährstoffe erschließen können.

Die tantrische Praxis lässt uns erkennen, dass jedes Verlangen (und ebenso jedes Gefühl, wie wir in Dhumavatis Kapitel noch sehen werden) Energie ist, die uns nährt.

Bhuvaneshwari – deren Körper die Welt ist

Wenn dein Geist still ist, kannst du den Frieden spüren, den die Erde atmet.

Eckhart Tolle

Das lebendige Universum

So wie Kali für Zeit und Tara für Klang steht, repräsentiert die vierte der Mahavidyas die Dimension des *Raums.* Ihr Name setzt sich zusammen aus *Bhuvana* (= Erde) und *Ishwari* (= Herrin), denn: *Bhuvaneshwari verkörpert sich als dieses unser Universum.* Sie gibt dem nicht-dualistischen tantrischen Weltbild ein Gesicht von dem EINEN Absoluten Bewusstsein, dessen Körper der Kosmos ist.

In Kapitel 1 des ersten Teils haben wir das *Pratyabhijna Hrdaya* als tantrischen Grundlagentext kennengelernt. Die dort bereits zitierten ersten beiden Verse beschreiben sehr treffend die Göttin in ihrer Form als Bhuvaneshwari, die aus sich selbst heraus das Universum kreiert:

»Die Göttin, schöpferische Kraft des Absoluten Bewusstseins, bringt in völliger Freiheit das Wunder des Universums hervor. Kraft ihres eigenen Willens entfaltet sie sich als das dynamische Gewebe des Lebens.«

Einer der Namen dieser Weisheitsgöttin ist *Maya* oder *Maha-Maya:* Die Silbe *ma* bedeutet »messen« ebenso wie »Mutter«. Bhuvaneshwari als Maya ist der *messbare Raum* des Universums. Anders als im Weltbild des Vedanta ist *Maya* im Tantra nicht einfach Illusion in der Art einer Fata Morgana, sondern der Körper der *Großen Mutter,* Absolutes Bewusstsein gekleidet in Form und Gestalt.

Du kannst sie dir als enormes pulsierendes Energiefeld vorstellen, das alles hervorbringt, erhält und verbindet. Dementsprechend sind die unendlichen Weiten des Universums nicht einfach toter, gleichgültiger Raum, sondern Teil eines lebendigen Gewebes, das ich gerne als *atmendes Feld der Liebe* bezeichne.

Du selbst bist Teil davon, eine Zelle im Körper der Göttin. Bhuvaneshwari durchdringt jedes Partikel der Schöpfung. Sie pulsiert in jedem Atom, wo Elektronen um ihren Kern kreisen. Und ebenso in den unvorstellbaren Dimensionen des sich ausdehnenden Weltalls, wo Planeten ihre Sonne umrunden.

Die wohlmeinende, mütterliche Energie dieser Göttin ist friedvoll, nährend und weise. Oft wird sie dargestellt mit großen, überfließenden Brüsten. Im Unterschied zur verführerischen, verspielten Gestalt von Lalita Tripura Sundari zeigt sie sich in der Form einer reiferen Schönheit, die Leben schenkt. Sie gibt uns als ihren Kindern die Sicherheit, gehalten und getragen zu sein im großen Gewebe des Lebens.

Zwei ihrer vier Arme halten Spornstab und Schlinge, die die Schöpfung vorantreiben und gleichzeitig zusammenhalten. Ihre beiden anderen Arme segnen uns mit Gesten der Furchtlosigkeit und Fülle. Wie bei anderen Göttinnen auch kannst du in ihren Attributen die paradoxe Natur des Heiligen Weiblichen erkennen, das uns ebenso bindet wie befreit, indem es unsere wahre Natur zugleich verschleiert und enthüllt.

Die Weiten des ganzen Universums spiegeln sich in Bhuvaneshwaris liebevollem Blick, der uns in seine unendliche Tiefe hineinzusaugen scheint.

Wie wir im vorigen Kapitel gesehen haben, verkörpert Lalita Tripura Sundari *Iccha Shakti,* Impuls und Willenskraft. Bhuvaneshwari führt die Triade der drei Shaktis tiefer in die Manifestation: Sie ist *Jnana Shakti,* die kreative Energie des Wissens und der Vorstellungskraft. Sie ist die *Matrix des Kosmos,* aus sich selbst heraus leuchtend, pulsierend als der gesamten Schöpfung unterliegendes Muster. So wie jedes Blatt das Muster des ganzen Baums enthält und jede Zelle unsere gesamte DNA, so ist die innere Struktur des gesamten Universums in uns angelegt.

Mit einer für uns Menschen unbegreiflichen Intelligenz und Komplexität schenkt uns Bhuvaneshwari als *Mutter Natur* einen blühenden, fruchtbaren Raum, in dem sich das Leben entfalten kann. Sie erinnert uns an die Heiligkeit der Schöpfung und mahnt uns, unsere Umwelt und unseren einzigartigen Planeten als Körper der Göttin zu würdigen.

Bhuvaneshwari im Leben begegnen

In unserem Leben offenbart sich die Göttin als Wissen und Gewissheit, Offenheit und Weite, Gelassenheit und Vertrauen.

»Jnanam bandah«, lautet mein Lieblingsvers aus dem *Shiva-Sutra,* einem der großen tantrischen Texte, »Wissen bindet«. Jede Schöpfung bedarf einer Verdichtung, Limitierung und Kontraktion des EINEN Absoluten in die Form hinein. Und ebenso ist jede Form

von Wissen und jede (vermeintliche) Gewissheit eine Kontraktion und Limitierung des Geistes, die ihn bindet.

Auf der Ebene des Absoluten ist Wissen als Jnana Shakti grenzenlose Schöpfer- und Vorstellungskraft. Aber auf der Ebene von Maya, des Relativen, Messbaren, also auf unserer menschlichen Erfahrungsebene, macht uns alles, was wir zu wissen glauben, ein Stück unfreier, weil es die Offenheit des Geistes einschränkt. Deshalb ist es Buddhisten so wichtig, sich stets ihren »Beginner's Mind« zu erhalten, egal, wie fortgeschritten ihre spirituelle Praxis ist.

Als Jnana Shakti zeigt uns Bhuvaneshwari die Relativität unseres menschlichen Wissens auf. Das ist ein radikaler Akt der *Ent*-Spannung, denn: Wenn es keine absolute Wahrheit gibt, können wir aufhören, unsere Überzeugungen »bis zum letzten Tropfen unseres Blutes« zu verteidigen, und auch zu den Themen, die uns am Herzen liegen, eine gelassenere, weichere Haltung einnehmen. In der offenen Weite des Geistes und des Herzens transformieren sich Engstirnigkeit und Groll zu Akzeptanz und Frieden.

Die Energie der Großen Mutter erdet uns sanft, aber entschieden. Sie gestattet uns, den Dingen und Erfahrungen des Lebens mit einer gewissen Gelassenheit *Raum* zu geben, damit sie sich zeigen und auch wieder auflösen können. Die vierte der Mahavidyas begegnet dem ganzen Drama unseres menschlichen Daseins mit einem wissenden Lächeln und scheint uns zuzurufen: »Entspann dich, Liebes. Alles ist gut. Ich sorge für dich.«

Die Göttin lehrt uns, in die Ungewissheit des Lebens hinein zu entspannen, weil wir uns in ihrem lebendigen Feld gehalten und getragen fühlen. Wir erfahren innere Weite und heilsame Gelöstheit in einem offenen Raum voller Möglichkeit, voller Liebe. Im Nicht-Wissen lernen wir, dem Rhythmus und Fluss des Lebens zu vertrauen.

Bhuvaneshwari Sadhana

Bhuvaneshwari, die Weltenmutter, lädt uns ein zu einer spirituellen Praxis, die Akzeptanz, Mitgefühl und Verbundenheit in den Mittelpunkt stellt. So wie sie können auch wir den Raum für andere halten und ein Feld der Liebe schaffen, in das die Menschen um uns hinein entspannen können. Wir gewähren ihnen eine Zuwendung, die nicht wertet oder erwartet, und geben ihnen Raum, einfach so zu sein, wie sie sind – ohne unsere persönliche Agenda zu verfolgen und ohne etwas an ihnen verändern zu wollen.

Unsere offene, urteilsfreie Präsenz macht uns dabei zu aufmerksamen Zuhörern und empathischen Beobachtern. Wachsendes Verständnis von der tiefen Einheit unter der oberflächlichen Vielfalt und der Verbundenheit im großen Gewebe des Lebens hilft uns, uns selbst in anderen zu erkennen. *Wohin wir auch blicken, wer auch immer unseren Weg kreuzt: Wir begegnen uns selbst in anderer Form.*

Bhuvaneshwari kontemplieren

Das Energiefeld der Göttin lässt uns Verbundenheit erfahren und Gewissheiten infrage stellen. Im »Ent-Wissen« gewinnen wir einen frischen, offenen Blick auf Bekanntes und lernen, *die Dinge neu zu denken.* In stillem Lauschen eröffnet sich uns so ein kreativer Raum ungeahnter Möglichkeiten.

Kontemplationsanstöße:

»Wenn nichts sicher ist, ist alles möglich.« – Wo in deinem Leben wirst du von deinen Überzeugungen und Gewissheiten eingeschränkt? Welche (vermeintliche) Gewissheit könntest du hier und jetzt einfach loslassen?

Sitze in Stille mit folgender Frage: »Wem oder was in meinem Leben gebe ich nicht genügend Raum?«

Wähle eine Person, die du als sehr unterschiedlich zu dir empfindest, und lass dich auf die Vorstellung ein, dass du in ihr dir selbst begegnest. Mit dieser Person vor Augen entspanne in den Satz: »Du bist ICH in anderer Form.«

Bhuvaneshwari in deinem Atem

In jeder Art von verkörpertem Yoga – damit meine ich einen Yoga, der sich nicht als rein geistige Disziplin versteht – spielt die Göttin, *deren Körper die Welt ist,* eine tragende Rolle. Im *Tantra-Yoga,* das ich als Bewegungsform auf der Matte unterrichte, huldigen wir ihr durch unsere innige Beziehung zu Raum und Schwerkraft. Wir lernen, in ihr Feld zu entspannen, um eine weichere, gelöstere Form der körperlichen Praxis zu erfahren.

Wir begegnen Bhuvaneshwari nicht nur in dem, was uns umgibt, sondern gleichermaßen im Raum und System unseres eigenen Körpers, der ja ein mikrokosmisches Abbild des Kosmos ist (siehe Kapitel 3, Teil 1). Die Identifikation mit dem Göttlichen ist eines der Kernelemente des nicht-dualistischen Tantra: *Du bist Bhuvaneshwari* in jedem Moment, in dem du deine Einheit mit dem Universum wahrnimmst und das ganze Universum in dir selbst.

Die folgende Atemtechnik hilft dir, eins zu werden mit dem Raum, der dich umgibt. Sie lässt die Grenzen zwischen innen und außen schmelzen und löst dich regelrecht im Energiefeld der Göttin auf. Du kannst sie zunächst als sitzende Meditation praktizieren und später auch mit in die bewegte Praxis auf der Yoga-Matte nehmen.

Komm dazu in deinem Meditationssitz an und beginne mit ein paar tiefen Atemzügen, die du gerne durch den Mund aushauchen kannst, in den Raum um dich herum zu entspannen. Überlass dein Becken etwas mehr der Schwerkraft, ohne dabei die Aufrichtung deiner Wirbelsäule zu verlieren.

Geerdet und gelöst, nimm das Pulsieren des Atems in deinem Inneren wahr. Hier geht es nicht um Luftaustausch in den Atemwegen, sondern um einen ganzheitlichen, energetischen Prozess von Empfangen und Loslassen, an dem jede einzelne Zelle deines Körpers teilhat.

Bring die Aufmerksamkeit auf deine Hände. Kannst du den Atem in ihnen wahrnehmen? Dehne die Wahrnehmung von hier allmählich aus, atme durch Arme und Beine, Kopf und Torso, Vorder- und Rückseite. *Atme mit dem ganzen Körper. Atme durch jede Zelle und jede Pore deiner Haut.*

Beginne nun, auf dieselbe ganzheitliche Weise »den Raum zu atmen«, der dich umgibt: Mit jeder Einatmung öffnen sich alle Zellen und Poren und empfangen. Du atmest den Raum ein, erlaubst ihm, dich zu durchströmen.

Mit jeder Ausatmung entspannst du in den Raum hinein, gibst dich ihm hin, gestattest ihm, *dich* einzuatmen.

Atme ein – lass dich durchströmen.
Atme aus – gib dich hin.

Jeder Atemzug wird so zum innigen Liebesspiel mit dem Universum. Wenn du willst, kannst du deinen Atem mit dem inneren Mantra *HAM-SA* verbinden, das du aus Taras Kapitel kennst. Atme ein auf ein stilles »HAM« und aus auf »SA«.

Nimm wahr, wie du mehr und mehr mit dem Raum verschmilzt, eins wirst mit dem, was dich umgibt, *eins mit allem, was ist.* Löse alle Kontraktion deines Seins im liebevollen Feld der Göttin auf.

Bhuvaneshwari im Vijnana Bhairava Tantra

Die folgenden drei Verse laden zu *Bhavana,* stiller Kontemplation, ein. Wir ersetzen bei dieser Art von spiritueller Übung leidvolle, von den drei Malas (siehe Kapitel 3, Teil 1) eingefärbte Vorstellungen der Begrenzung und Trennung durch solche, die in Übereinstimmung mit dem nicht-dualistischen tantrischen Weltbild stehen. Dabei ist keine besondere Technik gefragt, sondern eher eine Art Einsinken-Lassen. Die Verse vermitteln uns eine beglückende Sicht auf die Realität als harmonisches Gewebe aus pulsierendem Bewusstsein. Was wir in sinnierender Meditation erkennen, wird allmählich zu einer gelebten Erfahrung, die sich auf unseren Alltag ausdehnt: Wir bewegen uns mit einem neuen Lebensgefühl durch die Welt.

Vers 100 bestätigt uns zunächst das tantrische Weltbild, das wir in Kapitel 2 und 3 des ersten Teils kennengelernt haben: Das Universum mit seiner ungeheuren Vielfalt an Formen ist nichts anderes als der Körper des EINEN Absoluten Bewusstseins, das aus unzähligen Augen auf sich selbst blickt, sich in unzähliger Gestalt selbst erfährt.

Die Natur des EINEN Absoluten Bewusstseins leuchtet in allen Wesen gleichermaßen. Betrachte alles, was ist, als von Bewusstsein durchdrungen, und erhebe dich so über den äußeren Anschein der vergänglichen Welt. || 100 ||

Vers 104 betont unsere Einheit mit dem Universum, mit allem, was ist. Er ist eine gute Ergänzung zur Bhuvaneshwari-Atempraxis, die wir auf den vorigen Seiten erforscht haben. Wenn du dich mit der Göttin identifizierst statt mit deiner flüchtigen Person ist *die ganze Welt* dein Körper und nicht nur das, was dir im Spiegel entgegenblickt. Die kürzeste Übersetzung dieser *Dharana* (Meditationsübung) lautet: »Werde grenzenlos.«

Lass die Identifizierung mit deinem Körper los. Sag dir beständig und voller Überzeugung »ich bin überall«. So erfährst du wahrhaft Freude. || 104 ||

Vers 105 geht dann noch einen Schritt weiter: Er stellt die Welt unserer gewohnten Erfahrung auf den Kopf. Hier ist etwas »Bhuvaneshwari-Spirit« gefragt, deine Fähigkeit, vermeintliche Gewissheiten über Bord zu werfen, um in eine Welt voller Möglichkeiten einzutauchen.

Am prägnantesten lässt sich diese Dharana interpretieren als: »Alles lebt.« Wie wir im ersten Teil des Buchs gesehen haben, ist alles, was existiert, aus *Prakasha* gemacht, dem Licht des Bewusstseins. Bewusstsein ist also per se jeder Art von Materie oder Energie zu eigen. Befreie dich an dieser Stelle von der Vorstellung, dass Bewusstsein etwas ist, das grundsätzlich an ein Gehirn oder Nervensystem gebunden ist. Es gibt in der tantrischen Kosmologie keine tote, »unbeseelte« Materie. In *allem* – sagt uns der Vers – sind die kosmischen Urkräfte Iccha Shakti (Wille, Impuls, Sehnsucht) und Jnana Shakti (Wissen, Vorstellungskraft, Intelligenz) am Wirken. Alles lebt und pulsiert. So wie du selbst tanzt alles im Universum den göttlichen Tanz von Werden und Vergehen.

Genau wie du ist alles durchtränkt von Intelligenz und Sehnsucht, selbst leblose Gegenstände. Wenn du dies erkennst, wirst du allumfassend. || 105 ||

Der Vers fordert uns auf, uns selbst in *allem* wiederzuerkennen, nicht nur in anderen Menschen, und alles als Teil von uns selbst zu betrachten. Statt als verlorenes »Staubkorn« in einem kalten, toten Universum bewegen wir uns harmonisch verbunden mit allem in einem lebendigen Feld der Liebe, dem Körper der Göttin.

Um diesen Vers in eine gefühlte Erfahrung zu bringen, lass dich in den kommenden Tagen immer wieder einmal versuchsweise auf folgendes Gedankenspiel ein: Wie bewegst du dich durch dein Leben, wenn der Boden, der dich trägt, nicht einfach ein lebloses »Ding« ist, sondern fühlendes, atmendes Gewebe? Wenn dieses Buch, das du gerade in den Händen hältst, sich freut, weil du es liest? Wenn die Kleidung, die du trägst, sich zärtlich an deine Haut schmiegt? Wenn deine Zahnbürste sich danach sehnt, dass du sie in die Hand nimmst, und deine Bettdecke es abends kaum erwarten kann, dich endlich einzuhüllen? *Wenn einfach alles dich liebt.*

Wie sehr könntest du dich dann in jedem Moment in Liebe gehalten fühlen im Gewebe des Lebens? (Womöglich sagst du dir jetzt: »Was für ein Quatsch. Eine Zahnbürste kann sich nicht sehnen ...!« Dann erinnere dich daran, dass es in Bhuvaneshwaris Sadhana darum geht, in ein Feld voller Möglichkeit einzutauchen, um zu erforschen, welche Offenbarungen jenseits aller Gewissheiten auf dich warten. In dieser Praxis geht es weniger um deine

Zahnbürste als um die Erfahrung eines lebendigen Universums, die du dir über deine Vorstellungskraft zugänglich machst.)

Die Lehren des Tantra laden ein zu einer erwachten, sinnlichen und radikal präsenten Glückseligkeit, die sich im Banalen ebenso findet wie im Außergewöhnlichen und uns das Heilige in *allem* offenbart.

Alles, was du berührst, ist der Körper der Göttin. Jede Erfahrung, die du machst, ist IHR Spiel. Was auch immer dir begegnet: Erkenne dich selbst darin. Du bist das EINE Absolute, das Universum, das sich selbst betrachtet. Du bist nicht der Tropfen im Ozean des Kosmos, sondern der ganze Ozean in einem Tropfen.

Bhairavi – das Feuer der Transformation

Unless we are ready to deal with Bhairavi, we should not try to arouse the Kundalini into action.

David Frawley

Goddess on Fire

Bhairavi ist der zündende Funke der Schöpfung. Mit ihrem feurigen Atem strömen zahllose Gestalten und ganze Welten in die Existenz. Sie ist die Reibungshitze, die entsteht, wenn sich das EINE Formlose in einem Prozess der Kontraktion in die Vielfalt der Formen hinein verdichtet.

Im Gegensatz zum Daoismus, wo es als Yin-Prinzip passiv und kühl ist, zeigt sich das Weibliche im Tantra aktiv und feurig: Die fünfte der Mahavidyas ist *Kriya Shakti,* die tatkräftige Energie des Handelns. Sie vollendet die von Lalita initiierte Triade der kosmischen Urkräfte (Wille – Wissen – Handlung) und damit den Weg ins Manifeste.

Wie Kali verkörpert sie gleichermaßen Schöpfung und Zerstörung: Als Kriya Shakti ist Bhairavi die manifestierende Kraft von Tat und Verwirklichung – und steht gleichzeitig für jede Art von

Verfall, der uns Menschen, alles, was wir schaffen, und alles in der Natur beschleicht. Das Sprichwort »Der Wettlauf zum Tod beginnt mit der Geburt« ist eine treffende Beschreibung ihrer Energie.

Nach den zwei anmutigen Lotosgöttinnen Lalita und Bhuvaneshwari begegnet uns in Bhairavi das Weibliche wieder in deutlich wilderer Form. Sie ist der feminine Aspekt von Bhairava, der uns aus dem *Vijnana Bhairava Tantra* hinlänglich bekannt ist. Bhairava ist Shiva in seiner verstörenden Form: Mit der Asche der Toten beschmiert, tanzt er auf Verbrennungsstätten und empfängt als wandernder Bettel-Asket Almosen in einem leeren Schädel.

Bhairavi trägt wie andere der Furcht einflößenden Göttinnen eine Kette aus Totenschädeln und sonst nichts – oder aber ein spärliches Gewand aus roter Seide. »Strahlend wie 1000 Sonnen«, so sagen uns die alten Texte, sieht man sie häufig auf Shivas bleicher Gestalt thronen, und wie er hält sie sich gerne auf Verbrennungsstätten auf.

Die Attribute, mit denen sie dargestellt wird, verdeutlichen, worum es bei dieser Göttin geht: Der eine Arm trägt in vielen ihrer Darstellungen das Schwert der Kriegerin. Es befreit uns mit scharfem Schnitt von unseren Anhaftungen in Bezug auf Auflösung und Verfall. Häufig sieht man Bhairavi auch eine Schriftrolle tragen, die zeitlose Weisheit der heiligen Texte symbolisierend. Der andere Arm hält oft die Flamme, das Feuer der Transformation, die zugleich schöpferische und zerstörerische Kraft der Erneuerung. Die beiden anderen Arme symbolisieren »fürchte dich nicht« *(Abhaya-Mudra)* und die Zyklen des Werdens und Vergehens in Form einer Gebetskette: Mit jeder Ausatmung der Göttin gleitet die Mala zwischen ihren Fingern eine Perle weiter, das Ende eines Zyklus markierend – so als ob das »kosmische Kaleidoskop« von der Hand der Göttin weitergedreht wird, damit ein neues Mandala von Form und Farbe entsteht.

Bhairavi ist »on fire«: Sie verkörpert die Kraft ungezügelter Sexualität und einen wilden Lebenshunger, der zuweilen in Exzess und

Selbstzerstörung mündet. Im menschlichen Körper ruht sie als *Kundalini* (wörtlich: »eingerollt«), die berühmte Schlangenkraft, schlafend im Becken. Wenn sie erwacht und durch unseren Zentralkanal zur Kopfkrone aufsteigt, berührt, klärt und transformiert sie alle Aspekte unseres Seins. Wir erwachen mit ihr – hinein in unser volles schöpferisches Potenzial.

Spirituelles Erwachen ist kein »Ponyhof«. Es kann ein sehr intensiver, unbequemer Prozess sein. Wenn sich die Göttin als Kundalini in uns zu regen beginnt, wird, ihrer feurigen Natur entsprechend, oft große Hitze freigesetzt, die uns von innen transformiert. Dieses legendäre Kundalini-Awakening stellen sich viele als explosiven Prozess in Form eines inneren Feuerwerks vor, der uns auf einen immerwährenden LSD-Trip der Glückseligkeit sendet. Es mag Fälle geben, auf die das zutrifft.

In meiner persönlichen Erfahrung jedoch ist es eine ganz allmähliche Entwicklung über Jahre und Jahrzehnte, in der sich unser menschliches Potenzial als spürbarer Energiestrom zu entfalten beginnt. Kein einmaliger »Big Bang«, sondern ein stetiger, oft unmerklicher Prozess, der uns feinfühliger macht und kreativer, inspirierter und inspirierender. Er verbindet und integriert die beiden Polaritäten unseres Seins – Erde und Himmel, Shakti und Shiva, Wurzel und Krone. *In Bhairavis Feuer erwachen wir zur Ganzheit unserer göttlichen Natur.*

Bhairavi im Leben begegnen

Unter ihrem vollen Namen ist die Göttin als Tripura Bhairavi bekannt. Aus Lalita Tripura Sundaris Kapitel wissen wir, dass *Tripura* (wörtlich: »drei Orte«) die vielen Triaden der Schöpfung umfasst und damit etwas Allgegenwärtiges, Alldurchdringendes bezeichnet. So wie Tripura Sundari in ihrer anmutigen Gestalt die allumfassende Schönheit und Sehnsucht der Schöpfung ist, repräsentiert Tripura Bhairavi in schrecklicher Gestalt die allgegenwärtige Transformation und Auflösung.

In unserem feinstofflichen Körper sitzt Tripura Sundari im Kronenchakra *(Sahasrara)* als Nektar der Glückseligkeit. Tripura Bhairavi im Wurzelchakra *(Muladhara)* als Feuer der Transformation. Gemeinsam verkörpern die beiden Mahavidyas das uralte vedische Prinzip von *Agni* und *Soma*, Feuer und Nektar.

Sie sind dadurch untrennbar miteinander verbunden, denn: Nur ein gebranntes Gefäß kann den Nektar halten, ungebrannter Ton ist zu brüchig dafür. Auf uns bezogen: *Nur wenn wir in Bhairavis Feuer, der transformierenden Hitze der aufsteigenden Kundalini, gebrannt haben, können wir den von der Krone abwärtstropfenden Nektar Lalitas empfangen.*

Bhairavi steht in unserem Leben und unserer spirituellen Praxis für *Tapas,* also für Disziplin, Anstrengung und Durchhaltevermögen. Die Silbe *tap* bedeutet so viel wie »brennen« oder »backen«. Die feurige Göttin entfacht in uns Funken von Begeisterung und Leidenschaft und brennt uns zu einem starken, nektartauglichen Gefäß. Mit ihrem Segen lernen wir, für etwas zu brennen, ohne dabei auszubrennen.

Die Balance von Agni und Soma ist delikat – auf der Yoga-Matte ebenso wie in anderen Lebensbereichen. Sie ist eines der wichtigsten Prinzipien in meinem Yoga-Unterricht und macht sich im Berufsleben in den letzten Jahren als »Work-Life-Balance« einen Namen. Zu einfach ist es, sich in unsere Muster von Überanstrengung oder Trägheit hineinfallen zu lassen. Im Rausch von Adrenalin und Endorphinen Raum zu schaffen, um den Nektar von Praxis oder Arbeit auszukosten, fällt in unserer Leistungsgesellschaft oft schwer. Wir neigen dazu, unsere Kerze an beiden Enden anzuzünden, weil wir Selbstwert und Erfüllung an den falschen Orten suchen.

Ebenso verführerisch ist es, im Bequemen hängen zu bleiben und immer neue Ausflüchte zu finden, um die lieb gewonnene Komfortzone bloß nicht zu verlassen. Bhairavi kommt da als gerufener »Tritt in den Allerwertesten«, denn nur in ihrem Feuer werden Diamanten geboren. Ohne Rücksicht auf Befindlichkeiten schubst sie uns von der Komfort- in die Wachstumszone und brennt sich als Kundalini durch unser System, bis wir bereit sind, den Nektar wahrer Glückseligkeit zu kosten. Gemeinsam mit Tripura Sundari bringt uns Tripura Bhairavi in die Tiefe und Höhe unseres menschlichen Potenzials.

Bhairavi Sadhana

Als Kriya Shakti fordert uns die Göttin auf zu *Karma-Yoga,* dem Yoga der Tat. Das Konzept stammt ursprünglich aus der *Bhagavad Gita,* dem wohl meistgelesenen sakralen Text Indiens, und beschreibt ein Handeln ohne persönliche Agenda, ohne Anhaftung an Ergebnisse. Dieses erwartungsfreie »Handeln ohne Ich« lässt sich allerdings nur schwer umsetzen, solange wir unter dem Bann von *Karma-Mala* stehen (siehe Kapitel 3, Teil 1) und uns vollständig mit unserer Rolle als Handelndem identifizieren.

Bhairavis Gnade indes lässt uns unser Tun und Wirken als *Werkzeug des Göttlichen* vollbringen. Wir lernen, dem Leben zu dienen, und erkennen staunend, wie viel Freude uns diese innere Haltung bringt. Die Göttin ist der Feueraltar im Herzen, auf dem wir unser Handeln darbringen.

Bhairavi kontemplieren

Als Furcht einflößende Form der Göttin legt uns Bhairavi nahe, uns unseren tiefsten Ängsten zu stellen und sie aufzulösen. Sie verlieren ihre Macht über uns in der Erkenntnis unserer wahren Natur, die uns Kali und Tara vermitteln. Die drei mit Totenschädeln geschmückten Göttinnen arbeiten Hand in Hand, um uns durch die Angst hindurch ins Licht unserer inneren Freiheit zu führen.

Ein weiterer Themenkreis in deinem Leben, den du mithilfe der Feuergöttin kontemplieren kannst, ist die Balance von Agni und Soma. Wähle dazu verschiedene Lebensbereiche – Beruf, Familie,

Gesundheit, Selbstverwirklichung, Spiritualität, Soziales – und spüre in stillem Lauschen nach, wie hell dein Feuer in ihnen brennt. Wo siehst du einen alles verschlingenden, lichterloh lodernden Buschbrand? Und wo eine kläglich flackernde Flamme, die der kleinste Windhauch zum Erlöschen bringt?

Kontemplationsanstöße:

Wo in meinem Leben begegne ich Auflösung und Verfall mit Angst?

Wo in meinem Leben sind Feuer und Nektar außer Balance? Wo bleibe ich in meiner Komfortzone stecken? Wo brenne ich mich selbst aus?

Bhairavi in deinem Atem

Du kannst Bhairavi in den klassischen Atemtechniken des Yoga finden, die Wärme im Körper erzeugen, wie etwa die *Ujjayi-Atmung* (die »siegreiche« Atmung mit verengter Stimmritze) oder *Bhastrika* (Blasebalg-Atmung). Da diese allerdings sorgfältiger Unterweisung bedürfen, habe ich mich hier für eine einfache, aber wirkungsvolle Atemvisualisierung entschieden, die die komplementären Energien von Tripura Bhairavi und Lalita Tripura Sundari im Körper erfahrbar macht.

Finde dazu in einen aufrechten Meditationssitz, in dem du gut verweilen kannst. Bereits hier kannst du die Balance von Agni und Soma reflektieren, gemäß der Vorgabe aus dem *Yoga-Sutra:* »Der Sitz soll stabil, aber entspannt sein.«

Atme ein paar Mal tief durch und löse alle Anspannung aus Gesicht, Kiefer, Nacken. Die Einatmung strömt dabei abwärts ins Becken, die Ausatmung steigt auf bis durch die Kopfkrone, so wie du es aus Taras Kapitel kennst.

Beginne nun, jede Einatmung bewusst ins Wurzelchakra *(Muladhara)* in der Mitte deines Beckenbodens zu ziehen, um dich mit Bhairavis kraftvoller Energie zu verbinden.

Lass die Energie dann ausatmend aufsteigen bis durch die Kopfkrone: Hier im *Sahasrara* öffnet jede Ausatmung Lalitas tausendblättrigen Lotos.

Deine Atmung fließt in beiden Richtungen weich durch den Zentralkanal (*Madhya* oder *Sushumna*), der zum Stängel des Lotos wird. Folge ihr in gelöster Aufmerksamkeit, wie sie zwischen Wurzel und Blüte pulsiert. Entspanne in die natürlichen Pausen am Ende der Ein- und Ausatmung, ohne sie künstlich auszudehnen.

Wenn du vom Yoga mit der Ujjayi-Atmung und dem Einsatz von *Bandhas* (muskulären Energieverschlüssen) vertraut bist, kannst du die entstehende Wärme intensivieren, indem du am Ende der Ausatmung die Muskulatur des Unterbauchs (Uddiyana Bandha) und des Beckenbodens (Mula Bandha) sanft (!) aktivierst. Halte diese innere Stabilisierung im unteren Torso über die gesamte Länge der Einatmung. Mit der Ausatmung lässt du dann alle muskuläre Aktivierung los – wichtig, damit du den Nektar empfangen kannst.

Atme ein in die Wurzel:
Spüre, Agni, die Kraft deines inneren Feuers.
Atme aus durch die sich öffnende Blüte:

Empfange, Soma, den Nektar.
Atme ein – lass dich von Bhairavis Feuer beleben.
Atme aus – lass dich von Lalitas Nektar durchtränken.

Bhairavi im Vijnana Bhairava Tantra

Die folgenden Verse aus dem *Vijnana Bhairava Tantra* beschreiben Techniken, die der Erweckung der Kundalini dienen. Solange unsere »Schlangenkraft« zusammengerollt an der Wurzel ruht, steht uns nur begrenzte Energie für alle Grundfunktionen unseres Körpers zur Verfügung. Wenn Bhairavi in ihrer Form als Kundalini in uns erwacht und durch den Zentralkanal aufsteigt, erwacht mit ihr unser volles menschliches Potenzial in Form von schöpferischer Energie. Von einem unbestimmten, aber nagenden Gefühl des Mangels, finden wir in die *Ganzheit.*

Um die folgenden Techniken zu verstehen, sind Vorkenntnisse über das Chakra-System unseres feinstofflichen Körpers nötig. Die Tradition des *Vijnana Bhairava Tantra* vertrat ein Chakra-Modell mit zwölf vertikal angeordneten Energiezentren, von denen der in Taras Kapitel beschriebene *Dvadashanta* das oberste ist (S. 104/105). Heute hingegen hat sich ein System mit sieben Chakras als psycho-energetisches Modell durchgesetzt, das im *Sahasrara* direkt auf der Kopfkrone gipfelt. Es geht auf eine tantrische Schrift aus dem 16. Jahrhundert namens *Shat Chakra Nirupana* zurück, der Sir John Woodroffe (bekannt als Arthur Avalon) zu Beginn des 20. Jahrhunderts zu einiger Berühmtheit verhalf. Wie der Titel seiner englischen Übersetzung *The Serpent Power* schon vermuten lässt, erörtert der Text nicht nur das heute vorherrschende Chakra-Modell, sondern auch die Kundalini-Kraft.

Die innere Landkarte unseres Chakra-Systems beschreibt einen vertikalen Weg der Verfeinerung, vom Grobstofflichen in immer feinstofflichere, höher schwingende Gefilde. Er führt uns Chakra für Chakra durch alle fünf Elemente: vom Wurzelchakra, das dem Erdelement zugeordnet ist, über Wasser, Feuer, Luft und Äther ins Dritte Auge, unser Stirnchakra, das jenseits aller irdischen Elemente liegt, und noch darüber hinaus in die Transzendenz des Kronenchakras.

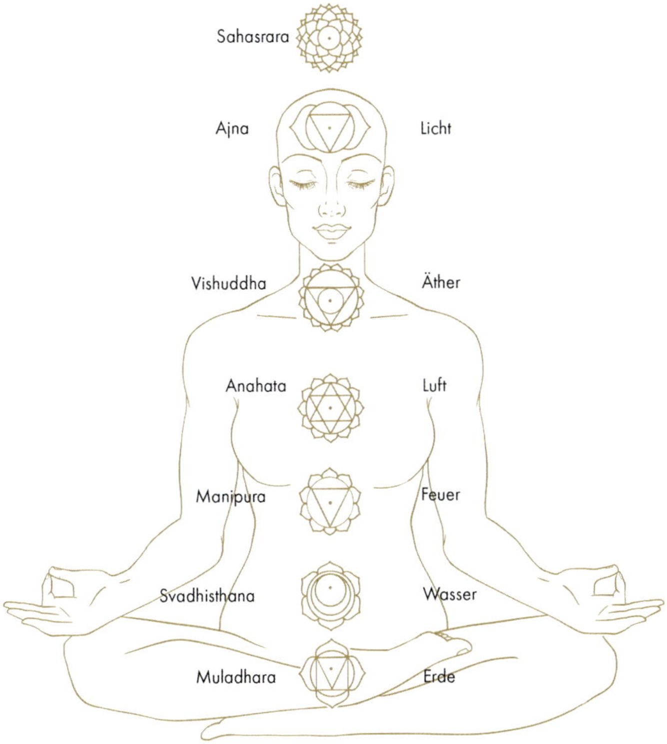

Vers 28 visualisiert diesen Weg der Verfeinerung durch Licht:

Folge der Atemenergie, wie sie leuchtend von der Wurzel aufsteigt, wie Lichtstrahlen, die immer subtiler werden, bis sie über der Kopfkrone schließlich zur Ruhe kommen. Erwache so zu Bhairava. || 28 ||

Der Atemweg durch den Zentralkanal ist uns bereits vertraut: Die Atmung strömt hinab ins Wurzelchakra und steigt von hier aus *als immer feiner werdende Lichtstrahlen* bis durch die Kopfkrone wieder auf, um sich im *Dvadashanta*, dem Energiefeld zwölf Finger breit oberhalb der Kopfkrone, zu verlieren.

So geht es Schritt für Schritt:

1. Finde in deinen Meditationssitz und entspanne in den Raum oberhalb deiner Kopfkrone. Lass deine Aufmerksamkeit hier im *Dvadashanta* ruhen, während dein Atem ruhig und gleichmäßig pulsiert.
2. Beginne nun, jede Einatmung von hier aus zu initiieren und entlang der Zentralachse deines Körpers langsam abwärtsströmen zu lassen, bis sie im Wurzelchakra zur Ruhe kommt.
3. Halte die Atemenergie hier einen kurzen, unangestrengten Moment lang, bevor die Ausatmung einsetzt. Mit etwas Übung kannst du sie in dieser Pause mit einer sanften Aktivierung deines Beckenbodens *(Mula Bandha)* in deinen Zentralkanal einladen.
4. Lass die Ausatmung von hier aus wie einen Geysir aus Licht im Zentralkanal aufsteigen, in feiner und feiner werdenden Strahlen. Folge der Ausatmung mit deiner Aufmerksamkeit aufwärts, bis sich ihre Strahlen im Raum des *Dvadashanta* über der Kopfkrone verlieren.
5. Nimm hier den Moment der Stille wahr und beginne von Neuem.

Vers 29 ist eine Abwandlung dieser Technik, die die feinstofflichen Energiezentren entlang deiner Zentralachse aktiviert. Chakra bedeutet wörtlich »Rad«. Du kannst dir deine Chakras als *Dreh- und Angelpunkte* deines Energiekörpers vorstellen, wo *Prana* (die Lebensenergie) besonders spürbar pulsiert. Sie sind »Begegnungsstätten«, in denen Körper, Geist und Psyche aufeinandertreffen, und umfassen gemeinsam alle Aspekte deines Seins.

Der Vers bedient sich der Vorstellung von Kundalini-Energie als Blitz, der Chakra für Chakra aufwärts zuckt. Eins nach dem anderen werden sie von der elektrischen Energie Bhairavis illuminiert, bis sich die Kundalini im Kronenchakra schließlich mit Shiva vereint und das »große Erwachen« der Einheitserfahrung erfolgt.

Wie ein Blitz springt die Energie von einem Zentrum zum anderen, Chakra für Chakra, bis zum obersten. Am Ende: das große Erwachen. || 29 ||

Als Meditationstechnik macht dieser Vers nur Sinn, wenn du mit dem Chakra-System vertraut bist und bereits öfters in deine Energiezentren hineingespürt hast. Wenn nicht, empfehle ich dir, den Vers nicht als Übungsanleitung, sondern als *Beschreibung* zu verstehen. Er gibt wieder, was ganz natürlich und ohne weiteres Zutun sowieso passiert, wenn die Kundalini erwacht und aufsteigt. Als regelmäßige Meditation umgesetzt, nutzt der Vers deine Vorstellungskraft, um den Prozess zu unterstützen.

Praktiziere diesen Vers mit dem dir vertrauten Chakra-System. Fühle und visualisiere deine Chakras als pulsierendes Lichtfeld (oder auch als leuchtenden, sich im Uhrzeigersinn drehenden Energie-Strudel, wenn dir das leichtfällt). Keep it simple: Es geht dabei um die somatische Erfahrung und nicht um das intellektuelle Konzept.

So geht es Schritt für Schritt:

1. Finde in deinen Sitz, löse alle Anspannung aus dem Bereich von Kiefer, Nacken und Schultern. Lass den Atem entspannt fließen, ohne irgendetwas zu verändern.
2. Bring die Aufmerksamkeit auf dein Wurzelchakra, das sich am Perineum im Zentrum des Beckenbodens befindet. Spüre und visualisiere es als golden pulsierendes Lichtfeld.
3. Bleib hier einige Atemzüge lang in entspanntem Gewahrsein, bis du den Impuls spürst, die Energie von hier aus aufwärtsgleiten oder -springen zu lassen ins Sakralchakra, das sich ungefähr auf Höhe deiner Hüftknochen in der Mitte deines Beckens befindet.

4. Führe den Prozess weiter durch alle Chakras, die nacheinander wie auf einer Lichterkette illuminiert werden, bis du den Raum oberhalb der Kopfkrone erreichst.
5. Verweile hier in gelöster Weite und empfange den »Nektar der Einheit«.
6. Beende deine Meditation, indem du – entweder mit einer tiefen Einatmung oder Chakra für Chakra – mit deiner Aufmerksamkeit zur Wurzel zurückkehrst: Spüre die Schwere deines Beckens auf der Erde und den Boden, der dich trägt, bevor du die Augen öffnest.

Dieser letzte Schritt der Erdung ist essenziell für das tantrische Prinzip der Integration: Tantra ist kein Weg »up and out«, der dem Irdischen zu entkommen sucht. Stattdessen werden alle Aspekte unseres Menschseins miteinbezogen. Auf dem Weg der Verfeinerung durch die Chakras lassen wir die Basis nicht etwa hinter uns, weil sie für den spirituellen Aufstieg weniger zählt als die hochfrequenten Energiezentren von Hals, Kopf und Krone. Nein, aus den transzendenten Gefilden der Meditation kehren wir bewusst zurück zur Wurzel, ins Inkarnierte, mitten ins Leben hinein.

Wir bringen die Erfahrung der Einheit mit, um staunend zu erkennen, dass die Glückseligkeit des EINEN Absoluten Bewusstseins sich über Himmel *und* Erde erstreckt, dass sie gleichermaßen transzendent wie immanent ist. Und wir sie im »Schlamassel« unseres irdischen Daseins ebenso finden können wie in der entrückten Ekstase tiefer Meditation.

Mit Bhairavi endet der Weg ins Manifeste. Die ersten fünf der Mahavidyas repräsentieren die kosmischen Grundprinzipien der Schöpfung: Zeit (Kali), Klang (Tara), Impuls (Lalita Tripura Sundari), Raum (Bhuvaneshwari) und Bewegung (Bhairavi). Die nun folgende zweite Hälfte der Mahavidyas verkörpert innere Prozesse der Transformation und Entfaltung auf unserem Weg ins Erwachen. Auch hier begegnet uns das Leben in eindrucksvollen Gestalten, die uns faszinieren, bezaubern oder auch verstören und doch stets den Schlüssel zu einer zeitlosen, universellen Weisheit halten. Aber sieh selbst …

Chinnamasta – niemand werden

Take a deep breath and let yourself open like the sky. Feel your mind and heart open to vastness … rest in this spaciousness, the clear sky of awareness – it is your own true nature, it is home.

Jack Kornfield

Die sich selbst enthauptende Göttin

Tapfer sind wir dem Weg des Weiblichen durch Licht und Dunkelheit gefolgt; haben erschrocken in Kalis stillen Urgrund geblickt; der summenden Schöpferkraft Taras gelauscht; uns sehnsuchtsvoll Lalitas Zauber ergeben; in Bhuvaneshwaris Feld der Liebe geschwelgt; und schließlich in Bhairavis Feuer gebrannt. Jetzt sind wir bereit, der »krassesten« der Mahavidyas ins Gesicht zu blicken. Wir kommen nicht umhin, ihr in fasziniert-verblüfftem Horror zu begegnen, dabei ist ihre Botschaft ganz klar: *Chinnamasta steht für alles, was passieren kann, wenn wir den Kopf verlieren.*

Köpfe rollen allerorts in der indischen Mythologie und Ikonografie, um uns über die Begrenzung des kleinen Ich, des Egos, hinauszuführen. Aber Chinnamasta geht weiter als Kali oder Tara – sie trennt *sich selbst* den Kopf vom Leib und nährt die Welt mit ihrem Blut. Das ist unendlich poetisch und schaurig zugleich.

Die mit Totenschädeln geschmückte Göttin steht oder tanzt dabei – in befreiter Nacktheit und mit erhobenem Krummsäbel – auf den sich liebenden Gottheiten Rati und Kama, die unsere sinnlichen Anhaftungen und gleichzeitig die ungehemmte Erneuerungskraft des Lebens verkörpern.

Ihr Blut schießt in drei Fontänen aus dem enthaupteten Rumpf – sie nähren ihre beiden Dienerinnen und den eigenen abgeschlagenen Kopf. In der Anordnung der drei Gestalten kannst du die Haupt-Energiekanäle deines feinstofflichen Körpers erkennen: Die beiden Gefährtinnen der Göttin stehen für *Pingala* und *Ida,* die als Sonnen- und Mondkanal die Dualität unseres Körper-Geist-Systems abbilden – heiß und kalt, aktiv und passiv, rechts und links. In unserem Energiekörper sitzt Chinnamasta im Stirnchakra *(Ajna-Chakra),* wo sich Ida und Pingala nach ihrem spiralförmigen Aufstieg durch die Chakras wieder vereinen. Die enthauptete Göttin ist Symbol der *Sushumna,* des Zentralkanals zwischen Beckenboden und Kopfkrone, den du schon in Bhairavis Kapitel kennengelernt hast. Er führt uns auf leuchtender Bahn über unsere von Dualität begrenzte Welt hinaus ins oberhalb der Kopfkrone verortete Einheitsbewusstsein.

Chinnamastas Abbild sagt es besser, als Worte es vermögen: Die Lebensenergie ihres Bluts nährt die Welt der Dualität ebenso wie die Göttin selbst als Ausdruck der Einheit.

Alles entstammt der EINEN Quelle.

Ihr erhobenes Schwert symbolisiert die Trennung des inkarnierten Individuums von seinem göttlichen Ursprung, das in Kapitel 3, Teil 1 beschriebene Vergessen unserer wahren Natur. Unter dem Bann der drei Malas sind wir regelrecht *abgeschnitten* von der Nabelschnur unserer Göttlichkeit und gefangen in der Individualität des kleinen Ich. Wie auch die anderen der Furcht einflößenden, schädeltragenden Mahavidyas befreit uns Chinnamasta mit entschlossenem Schnitt von unseren Anhaftungen und Limitierungen und gewährt uns damit die Gnade des Erkennens unserer Grenzenlosigkeit. Als typisch tantrische Göttin erfüllt auch sie das Paradox des gleichzeitigen Ver- und Enthüllens unserer wahren Natur.

»Geh über dich selbst hinaus!«, ruft Chinnamasta uns zu. Sie lädt uns mit ihrer dramatischen Selbstenthauptung ein, die Grenzenlosigkeit unseres Bewusstseins zu erfahren, wenn wir unser limitiertes, denkendes Selbst transzendieren und unseren Geist in dem auflösen, was ich als »innere Unendlichkeit« bezeichne. *In radikaler Ermächtigung enthaupten wir uns selbst, indem wir den rationalen Verstand mit all seinen Rollen, Selbstbildern, Gedanken und mentalen Konzepten auf dem Altar des reinen Bewusstseins darbringen.*

Dieses Opfer des Ich erfordert den Mut, unsere ganze Person und Geschichte einfach loszulassen. Es ist der ultimative Befreiungsschlag, mit dem wir unser Bewusstsein von den Verstrickungen unserer Körper-Geist-Identität erlösen. Mit gesprengten Fesseln erwacht unsere Lebenskraft zu ihrem vollen Potenzial, zu einer kraftvollen Lichtsäule, die Himmel und Erde verbindet, weil wir die Limitierungen des »Fleisches« und die Angst vor dem Tod hinter uns gelassen haben.

Glückselig und frei trinkt die enthauptete Gottheit ihr eigenes Blut, genährt von Fontänen wilder Lebenskraft. »Unverkopft« und übersprudelnd nährt sich das Leben aus sich selbst.

Chinnamasta im Leben begegnen

»Frei sein heißt, mir selbst zu entkommen.« Diesen Satz habe ich in großen, wütenden Buchstaben vor einigen Jahren in mein Notizbuch geschrieben. Auch wenn die Mahavidyas ein ganzheitliches Modell der großen kosmischen Kräfte abbilden, sind sie doch nicht alle zehn in gleichem Maße in unserem Leben präsent. Meist gibt es eine oder zwei Göttinnen, die uns besonders anziehen. Gerade die wilden, Furcht einflößenden Formen des Weiblichen vermitteln uns oft die wirkungsvollsten Lektionen. In meinem Fall war die Begegnung mit Chinnamasta ein erstaunlicher Befreiungsschlag, der mich erlöst hat aus dem Gefühl, *in mir selbst gefangen zu sein.*

Wir leben heute in einer Gesellschaft des Individualismus: Lade ein paar Freunde zum Essen ein, und du wirst verstehen, was ich meine. Jede und jeder Einzelne hat andere Gewohnheiten, Wünsche und Unverträglichkeiten. Die Zeiten, als man an Weihnachten einen Gänsebraten mit Knödeln auf den Tisch gestellt hat und die ganze Familie glücklich war, sind längst vorbei.

In Ermangelung an existenziellen Problemen wie Sicherheit, Nahrung oder Dach über dem Kopf sind wir geneigt, ununterbrochen um uns selbst zu kreisen. Wir analysieren unsere Kindheit, suchen das optimale Lebensgefühl durch ausgeklügelte Ernährungskonzepte, Achtsamkeitstrainings und Coaching-Sitzungen, arbeiten am Sixpack oder Hollywood-Hintern.

Diese Nabelschau wird durch die exzessive Nutzung der sozialen Medien befeuert. Sonnenuntergänge am Meer und sonstige dramatische Naturkulissen dienen in verstörendem Ausmaß nur noch als Selfie-tauglicher Hintergrund für den nächsten Instagram-Post. Essen wird fotografiert statt genossen, um der ganzen Welt zu zeigen, was für ein fabelhaftes Leben man führt. Mittels Filtern, Botox und Brustvergrößerungen kreieren wir ein perfektes Abbild unserer flüchtigen, inkarnierten Gestalt. Kurz: Wir tun alles, um unsere Persönlichkeit zu unterstreichen und *jemand* zu sein.

Chinnamasta indessen lehrt uns, *niemand* zu sein.

Sie befreit uns von obsessiver Überidentifizierung mit dem vergänglichen Ich, dem ewigen Karussell um uns selbst kreisender Gedanken und Geschichten. Wir können endlich aufhören, alles so furchtbar *persönlich* zu nehmen, und gelassener mit dem Geschehen des Lebens fließen, anstatt mit seinen Unwägbarkeiten zu hadern. Mit dieser inneren Haltung der *Unpersönlichkeit* verliert vieles an Brisanz und Stressfaktor.

Was für ein Aufatmen das ist, was für ein Geschenk! Nichts ist köstlicher, als öfter einmal zu vergessen, wer wir sind. Damit meine ich nicht das bereits erwähnte Vergessen unserer göttlichen Natur, sondern das *Vergessen unserer Ego-Identität.* Diese »kopflose« Selbstvergessenheit ist ein direkter Weg in die Freiheit und in eine freudvolle, entspannte und ungefilterte Präsenz, mit der wir am Leben teilnehmen.

Universelle Lebensprinzipien begegnen uns in den verschiedenen spirituellen Traditionen in unterschiedlichem Gewand und weisen am Ende doch auf eine gemeinsame Wahrheit hin. Deshalb sei an dieser Stelle an einen Vers aus dem *Matthäus-Evangelium* erinnert, in dem Jesus sagt: »Wenn ihr nicht umkehrt und werdet wie die Kinder, werdet ihr nicht in das Himmelreich hineinkommen.« Auf die tantrische Spiritualität bezogen, heißt das: So wie Kinder, deren Geist noch weniger durch Vorstellungen und Selbstbilder konditioniert ist, selbstvergessen und völlig versunken spielen, können auch wir in glückseliger Selbstvergessenheit am *Lila,* dem göttlichen Spiel des Lebens teilnehmen.

Lass deine ganze »problematische« Geschichte los, alle Vorstellungen von dir selbst, das anstrengende mentale Konstrukt deiner Person. Erfahre dich einen Atemzug lang, eine Minute lang, eine kleine Ewigkeit lang als das, was du bist und immer warst: reines Bewusstsein. Wenn du dich auf diese Weise »enthauptest«, stehst du dir nicht länger selbst im Weg mit den Geschichten, die du dir über deine Person erzählst. Und deine Lebenskraft wird zu einer sprudelnden Fontäne, die dich und die Welt nährt.

Chinnamasta Sadhana

So unterschiedlich sie sind, alle zehn Mahavidyas haben ein gemeinsames Ziel: dich die Natur der Realität erkennen zu lassen. Jede von ihnen verkörpert ihren ganz eigenen Weg dorthin, manche davon steinig und steil am Abgrund gelegen, andere sanfter und lieblich, von Blumen gesäumt. Allesamt führen sie auf denselben Gipfel der Erkenntnis.

Die Schädel tragenden Göttinnen wie Kali, Tara und Chinnamasta konfrontieren uns mit der uralten Frage der Menschheit: *Wer bist du wirklich?* Es ist kein Zufall, dass sie allesamt in dunkler Gestalt daherkommen, denn über unser personifiziertes Alltagsbewusstsein hinauszugehen, kann sehr furchteinflößend sein. Wir fühlen uns sicherer in den vertrauten Begrenzungen unserer Ego-Identität. Das Erkennen unserer machtvollen, grenzenlosen Natur schüchtert uns ein.

Chinnamasta gibt dem ersten Vers des bereits erwähnten Grundlagentexts *Shiva-Sutra* ein Gesicht: *chaitanyam atma – Das Selbst ist reines Bewusstsein.* Ihre Praxis kreist darum, unsere begrenzte, flüchtige Person temporär hinter uns zu lassen, um die Grenzenlosigkeit unserer wahren Natur, die reines Bewusstsein ist, zu erfahren. Das »zu Form geronnene«, kristallisierte Ich wird zu einem offenen Raum.

Für mich persönlich ist Chinnamasta eine häufig herbeigerufene Wegbegleiterin geworden. Wann immer ich mich dabei ertappe, in endlosen Gedankenspiralen allzu obsessiv um meine Person und meine Themen zu kreisen, ermahne ich mich: »Stopp! Schlag dir selbst den Kopf ab!« Die befreiende Energie der Göttin hilft mir unmittelbar, eine wesentlich unverkrampftere innere Haltung zu finden und mich für einige heilsame Momente als freies, offenes Bewusstsein wahrzunehmen.

Chinnamasta kontemplieren

Die folgende Übung nenne ich treffenderweise »*Niemand werden*«. Ich empfehle dir, sie als sitzende Meditation durchzuführen. Sie lädt dich ein, in stillem Sinnieren nacheinander alles abzulegen, was du über dich selbst weißt. Erinnere dich an Vers 2 des *Shiva-Sutra: jnanam bandah – Wissen bindet* (S. 127). Wie wir in Bhuvaneshwaris Kapitel gesehen haben, finden wir im »*Ent-Wissen*« in die Freiheit.

So geht es Schritt für Schritt:

1. Beginne mit der stillen Frage: »Wer bin ich?« Beobachte einige Atemzüge lang, wie sich in deinem Inneren Antworten als Bilder und Gedanken zu formen beginnen.
2. Lösche nun nach und nach alles, was du über dich selbst weißt, aus deinem Bewusstsein: Fang an mit deinem Namen. Visualisiere ihn vor deinem inneren Auge und radiere ihn dann aus. Vielleicht geht es dir wie mir, und du findest es manchmal regelrecht absurd, wie ein willkürlich von deinen Eltern gewählter Vorname und ein Nachname, den du ererbt oder erheiratet hast, dich *benennen*. Diese zwei oder drei Worte deines Namens – bist das wirklich du? Vergiss für den Moment einfach, wie du heißt, und lege deinen Namen auf dem Altar des reinen Bewusstseins ab.
3. Dann kommt dein Geschlecht. Kannst du es für den Moment ausblenden und dich jenseits aller biologischen Geschlechtlichkeit und allen damit einhergehenden Bildern und Rollen erfahren?
4. Mach weiter mit deinem Alter. Auch das ist ein mentales Konstrukt, das keine wahre Bedeutung hat, sondern nur die Anzahl der Runden, die die Erde seit deiner Geburt um die Sonne gedreht hat, wiedergibt. Trotzdem macht es etwas mit dir, wenn du denkst: »Ich bin soundso viele

Jahre alt«, weil es damit einhergehende Assoziationen auf deinen inneren Bildschirm ruft. Lass sie ziehen. Das, was du in deiner Essenz bist, nämlich reines Bewusstsein, ist zeit- und alterslos.

5. Als Nächstes verabschiede dich von deinem Aussehen. Es ist vergänglich genug. Ich frage mich oft, wie das Leben war, bevor es Spiegel gab, mit denen wir uns selbst ins Gesicht sehen konnten. Wir hatten keine Vorstellung davon, ob wir als klassische Schönheit oder graue Maus durch die Welt gehen, und unsere gefühlte Attraktivität maß sich einzig an der Reaktion unserer Umwelt und nicht am eigenen hyperkritischen Blick. Lösche also hier und jetzt alle Selbstbilder aus deinem Gedächtnis.
6. Im nächsten Schritt leg alle Persönlichkeitsmerkmale ab. Hältst du dich für intelligent oder einfühlsam? Für sportlich oder sprachbegabt? Für humorvoll oder musikalisch? Lass all diese »Labels« ziehen, werde leer und ohne Eigenschaften wie ein unbeschriebenes Blatt Papier.
7. Vergiss nun deine ganze, dich prägende Lebensgeschichte. Deine Kindheit und Schulzeit, den ersten Liebeskummer, erfüllte und turbulente Beziehungen, berufliche Erfolge und Enttäuschungen, Krankheiten und tragische Verluste, Urlaube und rauschende Feste. Alle Erfahrungen deiner Vergangenheit haben sich als Welle erhoben und wieder im Ozean aufgelöst. Lass sie los, bring sie dar.
8. Zuletzt vergiss all die Rollen und Aufgaben, mit denen du dich im Leben identifizierst. Deine Rolle als Elternteil oder Kind, als beschützender Freund oder hilfsbereite Nachbarin, als Mäzen oder Muse, als Restaurant-Manager, Yoga-Lehrerin oder Pflegekraft. Vom »Ich bin soundso« komm ins reine »Ich bin«.
9. Hast du nun alles losgelassen, was deine Person beschreibt? Wie fühlt es sich an, *niemand* zu sein, ein

leeres Blatt Papier, das frei im Wind segelt? In der gelösten Weite völliger *Selbstvergessenheit* stell dir erneut die Frage »Wer bin ich?« – und spüre staunend hinein in die befreite Grenzenlosigkeit Chinnamastas.

Chinnamasta in deinem Atem

Chinnamastas Selbstenthauptung symbolisiert in schonungsloser Eindrücklichkeit das *Vergessen*. Und zwar auf *beiden* Ebenen: der absoluten, göttlichen und der relativen, menschlichen. Das Göttliche »enthauptet sich selbst«, indem es seine wahre Natur vergisst, um sich vollständig mit der inkarnierten Form zu identifizieren. Und wir Menschen »enthaupten uns selbst«, indem wir unsere Ego-Identität vergessen, um uns aus dem Lebensdrama unserer limitierten, vergänglichen Gestalt zu erlösen. Die »göttliche Enthauptung« folgt also dem Weg des Weiblichen hinab ins Immanente, Irdische. Die »menschliche Enthauptung« strebt zurück himmelwärts ins Transzendente. Chinnamasta verkörpert beides. Dein Atem ebenso.

Wie wir schon in Taras Kapitel gesehen haben, ist im Tantra jede Einatmung ein manifestierender Akt der Kontraktion in die Form hinein. Und jede Ausatmung ein auflösender Prozess der Befreiung aus den Grenzen der Form. Die folgende Atemmeditation lässt dich deine Einatmung als Ausdruck der Verdichtung in deine Individualität hinein erfahren. Und die Ausatmung als Transzendieren oder Hinter-dir-Lassen deines begrenzten, flüchtigen Ich.

Finde dazu in deinen Meditationssitz, schließe die Augen, lass die Gesichtszüge schmelzen. Entspanne in die gelöste Weite oberhalb deiner Kopfkrone und bring die Aufmerksamkeit auf deinen Atem.

Folge zunächst einige Atemzüge lang dem Atemweg, den du schon aus der Visarga-Meditation in Taras Kapitel kennst:

Initiiere jede Einatmung vom *Dvadashanta* über der Kopfkrone und lass sie langsam abwärtsströmen, um im *Hrdaya,* dem Herzzentrum am unteren Ende des Brustbeins, zur Ruhe zu kommen.

Atme aufsteigend aus, zurück zum formlosen Ursprung des Atems über der Kopfkrone. Entspanne in die Stille am Ende der Ausatmung.

Wenn diese Atemlenkung wie von selbst vor sich geht und keine besondere Konzentration mehr erfordert, beginne, in deinem Atem Chinnamastas doppelte Selbstenthauptung zu reflektieren:

Atme ein – spüre die Kontraktion des EINEN Absoluten in deine Form und Identität hinein. Atme aus – nimm die sich weitende Aufwärtsbewegung des Atems als Auflösung deiner Form und Identität wahr, als Rückkehr zur grenzenlosen Weite deines Ursprungs.

Atme ein mit dem stillen inneren Mantra: Ich bin dies.
Mit einem inneren Lächeln atme aus auf: Ich bin alles.

Lass die Ausatmung und das innere Mantra »Ich bin alles« über der Kopfkrone verklingen und geh auf in der Grenzenlosigkeit deines Bewusstseins.

Chinnamasta im Vijnana Bhairava Tantra

Die »unverkopfte« Energie Chinnamastas lässt sich hervorragend in den Versen des *Vijnana Bhairava Tantra* erfahren. Der Text ist bekannt für seine vom Buddhismus inspirierten Meditationen über die *formlose Leere (Shunya),* in denen wir den Geist in offener Weite auflösen. Im Unterschied zu Bhuvaneshwari, die den manifesten, messbaren Raum verkörpert, ist Chinnamastas Weite transzendenter Natur, geht über Form und Raum hinaus. Der Himmel ist eine häufig verwendete Metapher für diese Grenzenlosigkeit des Bewusstseins und unsere Shiva-Natur, und so begegnen wir ihm gleich an mehreren Stellen des Texts.

Vers 85 fokussiert auf das Dritte Auge und macht uns klar, dass wir in unserem Kopf dieselbe unendliche Weite finden können wie im Himmel über uns. Tauch ein in den Raum zwischen deinen Gehirnhälften, wo sich deine innere Unendlichkeit öffnet:

Erkenne Bhairava, das Absolute, im unendlichen Raum des Himmels und löse diesen in deinem Kopf auf. So wirst du EINS mit dem Licht des Bewusstseins. || 85 ||

Vers 92 bedient sich unserer Vorstellungskraft und lässt uns in der Grenzenlosigkeit des Himmels unsere wahre Natur erkennen:

Meditierend betrachte dich selbst als die Weite des Himmels, sich grenzenlos frei in alle Richtungen ausdehnend, und erkenne darin deine wahre Natur. || 92 ||

Vers 131 präsentiert uns schließlich die befreiende Perspektive der *Unpersönlichkeit* als Weg in eine friedvolle innere Weite:

Wenn du dich Sätze sagen hörst wie »Ich bin …« oder »Das ist meins …«, hinterfrage, auf wen sich das bezieht. Ich, mich, mein … besitzt in Wirklichkeit keine Grundlage. Meditiere darüber und finde inneren Frieden. || 131 ||

Diese *Ich-lose* Betrachtung kannst du auf viele Aspekte deines Lebens ausdehnen – die meisten davon hast du bereits in der Kontemplation »Niemand werden« berührt. Denk an Gefühle, Gebrechen, Familie, Körper, Talente, Probleme, Erfolge und Misserfolge … Lass das »Mein« dabei weg, entgehe dem Drang, dir alles anzueignen, und beobachte, wie es den Dingen Raum gibt und Weite.

Mach dir klar: Jedes »Mein« oder »Dein« bezieht sich nur auf unsere Ego-Identität, nicht auf unsere zeit- und grenzenlose Natur, und es *»besitzt dadurch keine Grundlage«,* wie es im Vers heißt. Es ist lediglich ein mentales Konstrukt, eine Vorstellung, die Kontraktion und Fragmentierung mit sich bringt, eine uns bindende Enge des Geistes. Ein bewusster Umgang mit Possessivpronomen schenkt uns den am Ende des Verses zitierten inneren Frieden.

Dabei ist es wichtig, dass wir eine feine Linie nicht übertreten: Der mit Bedacht gewählte Verzicht auf das »Mein« soll uns nicht etwa von der Erfahrung dissoziieren, sondern im Gegenteil ein Weg zu einem tieferen, wahrhaftigeren Erleben sein, das weniger durch unsere ganz persönlichen mentalen Filter verfälscht wird.

Chinnamasta lädt uns ein, uns als grenzenloses Bewusstsein zu erfahren. Wir lösen unser Ego-gebundenes Ich auf in der transpersonalen, offenen Präsenz des reinen »Ich bin«.
In diesem Verschmelzen mit dem Jetzt bringen wir uns dar, »enthauptet«, glückselig und frei wie die Göttin selbst.

Dhumavati – sich dem Schatten ergeben

O troubled dust concealing
An undivided love
The heart beneath is teaching
To the broken heart above.

LEONARD COHEN, COME HEALING

Die düstere Witwe

Dhumavati ist Witwe, was im Gefüge der traditionellen indischen Gesellschaft bedeutet: Sie hat alles verloren – Jugend, Schönheit, Besitz und sozialen Status. Ihr Leben ist in einer Sackgasse gestrandet, symbolisiert durch ihre Kutsche ohne Gespann. Für sie geht es nirgendwo mehr hin. Eine einsame Krähe ist die einzige Gesellschaft dieser traurigen Gestalt. Schaudernd möchten wir uns abwenden von ihrem verwahrlosten, zerlumpten Anblick, dem ausgemergelten Körper, dem bitteren, verlebten Gesicht. Die vom Schicksal gezeichnete Witwe beschwört unsere tiefsten Ängste herauf.

Dhuma bedeutet »Rauch«. Gleich einer Rauchschwade ist die Natur der Göttin düster, schwer fassbar, zunächst verschleiernd und erst allmählich enthüllend. Wie auch Kali verkörpert sie Finsternis und Auflösung, doch fehlt ihr deren erneuernde Kraft. Kali ist der dunkle Mutterschoß der Schöpfung. Dhumavati das *Nichts.*

Wie wir gesehen haben, ist alles, was existiert, aus *Prakasha,* dem Licht des Bewusstseins, gemacht (Kapitel 3, Teil 1). Dhumavati hingegen ist das Nicht-Existente, die völlige *Dunkelheit der Unbewusstheit,* wie wir sie im Tiefschlaf erfahren.

Mal wieder vermittelt uns die Darstellung der Göttin sehr eindrücklich ihre Essenz: Als einzige der Mahavidyas hat Dhumavati keinen Gemahl – alle neun anderen Göttinnen sind mehr oder weniger eindeutig mit Shiva assoziiert. Damit ist sie ihrer Ganzheit beraubt, die nur entstehen kann, wenn das Weibliche mit seinem männlichen Gegenpol vereint ist.

In der Mythologie verschlingt Dhumavati sogar in unersättlicher Gier ihren Gemahl Shiva und bleibt am Ende hässlich und ausgezehrt als Witwe zurück, in einem Körper, der kein Leben mehr schenken kann. Einer ihrer Namen ist *Alakshmi,* »die Unheil Verheißende«. Die Hindu-Göttin Lakshmi verkörpert Fülle, Fruchtbarkeit und Schönheit, Dhumavati als »A-Lakshmi« die Verneinung davon.

In ihrer Form als »Schwarze Witwe« macht uns die Göttin unmissverständlich klar:

Die manifestierende Energie des Weiblichen braucht ihren männlichen Gegenpol, der Bewusstsein ist, um zu blühen. Ohne Shiva versickert Shaktis Lebenskraft im Nichts.

In Dhumavati tritt uns das Göttliche nicht strahlend und anmutig entgegen, sondern verwittert, hoffnungslos und in jeder Weise »am Ende«. Sicher, wir sind bereits anderen verstörenden Göttinnen begegnet, wie Kali, Bhairavi oder Chinnamasta. Aber diese waren in ihrer Furcht einflößenden Gestalt kraftvoll und in gewisser Weise »sexy«. Anders Dhumavati. Sie repräsentiert alles, was wir nicht sehen und noch weniger sein wollen. Diese abstoßende Darstellung der Witwengöttin versinnbildlicht eine *radikale Inklusion aller Lebensaspekte* und ruft uns auf, nicht nur unsere Schokoladenseiten, sondern auch unsere innere Dunkelheit zu umarmen.

Unter der wenig einnehmenden Gestalt der »zahnlosen, alten Hexe« verbirgt sich jedoch ein göttlicher Segen und zärtliches Mitgefühl für unsere menschlichen Anhaftungen an dieses flüchtige Leben. Dhumavati gibt der Desillusionierung ein Gesicht, sie ist die Kraft der »*Ent*-Täuschung«. Der Bindestrich im Wort bringt zum Ausdruck, worum es geht: Die Göttin raubt uns in unerbittlicher, mütterlicher Liebe jegliche Illusion, dass wir irgendetwas mitnehmen können, wenn wir gehen, und dass wir Besitz, Unversehrtheit und Glück jemals festhalten können. Diese schmerzhafte, aber auch befreiende *Des*-Illusionierung wird durch ihren Siebkorb symbolisiert, der die Spreu vom Weizen trennt, nämlich unseren unsterblichen Wesenskern von der vergänglichen äußeren Hülle.

Dhumavati steht für Transformation durch Leid, die Gnade im Scheitern und den Sinn der Hoffnungslosigkeit. Für die innere Freiheit und den tiefen Frieden, die entstehen können, wenn uns – gleich dem biblischen Hiob – alles genommen wird, so lange, bis wir nichts mehr zu verlieren haben. Das klingt zunächst unglaublich und wird erst möglich, wenn wir unseren tiefsten Ängsten offen ins eingefallene Gesicht blicken: ausgestoßen zu sein und schutzlos, alles zu verlieren, dem körperlichen oder geistigen Verfall preisgegeben.

Dhumavatis Weg ins Licht der Bewusstheit führt durch die »dunkle Nacht der Seele«, wie der christliche Mystiker Johannes vom Kreuz diesen inneren Zustand totaler Verzweiflung nennt. Aber jenseits dieses tiefen Tals der Tränen wartet eine unerklärliche Freude auf uns, weil wir erkennen, dass uns das, was wir wirklich sind, niemals genommen werden kann.

Dhumavati im Leben begegnen

Dhumavati begegnet dir immer dann, wenn sich alles »in Rauch auflöst« und du vom Leben *ent*-täuscht wirst. Die düstere Göttin »segnet« dich mit beruflichen Fehlschlägen, finanziellen Miseren, chronischen Krankheiten oder sozialer Isolation. Sie kommt in Form von Ehescheidung und Sorgerechtsstreit, tragischen Schicksalsschlägen und schwer hinzunehmenden Ungerechtigkeiten, Demütigung, Depression oder Demenz.

Die verborgene Gnade solcher Lebenskrisen liegt darin, dass sie innere Dämonen triggern und du die Chance hast, sie ins Licht deines Bewusstseins zu bringen. Wenn du dich deiner inneren Dunkelheit auf diese Weise stellst, wirst du in Dhumavatis verfallenen Gesichtszügen die Liebe leuchten sehen.

Die Göttin ruft uns auf zur *Schattenarbeit* – ein Begriff, den der Psychologe Carl Gustav Jung geprägt hat. Es geht darum, all die unbewussten, verdrängten und verleugneten Anteile unseres Selbst zu integrieren, um vom Unbehagen der inneren Fragmentierung und Abspaltung zurück in eine gelöste Ganzheit zu finden. Dazu gehören unterdrückte Gefühle von Schuld, Scham oder mangelndem Selbstwert, von Wut, Neid und Gier, Hochmut, Angst und Trauer. Eben all jene inneren Dämonen, die uns wie Schatten folgen, auch wenn wir sie vermeiden, nicht wahrhaben und noch weniger zeigen wollen. Wir blicken angestrengt ins Licht und drehen uns lieber nicht um.

So lange, bis das Leben uns in Gestalt der Witwengöttin auf die Knie zwingt und wir uns endlich dem Schatten ergeben. Was – verbannt in die Tiefe unbewusster Dunkelheit – sein Unwesen trieb, wird nun im Licht von Bewusstheit und Akzeptanz erlöst.

Wie die anderen Furcht einflößenden Mahavidyas trägt auch Dhumavati zwei Gesichter: Sie verkörpert menschliches Leid und erlösende Gnade. Im Äußeren kommt die Göttin als desillusionierende Lebenskrise oder verheerender Schicksalsschlag zu uns, im Inneren als befreiender Prozess der Integration und Heilung.

Auch wenn es zuweilen verlockend ist, sich der inneren Dunkelheit durch Meditation über Licht und Glückseligkeit zu entziehen: Die düstere Göttin unterbindet kategorisch jede Art von »spiritual bypassing«. Dhumavati macht kurzen Prozess mit allen, die glauben, ihre spirituelle Praxis nutzen zu können, um elegant die finsteren Klippen des Lebens zu umschiffen. Sie fordert von uns radikale Akzeptanz und eine innere Haltung des *Zulassens.*

Tantra ist einzigartig in seiner kompromisslosen Bewertungsfreiheit, die die offenkundige Schönheit des Lebens ebenso umfasst wie seine Abgründe. Denn: Auch unsere hässlichsten inneren Dämonen entspringen derselben göttlichen Quelle wie unsere strahlendsten Seiten. Diese Grundannahme ist Voraussetzung für die *innere Alchemie der tantrischen Praxis.* Indem wir unsere Dämonen ans Licht holen und lieben lernen, verwandeln wir sie. Was Gift war, wird nun zu Nektar.

In stillem, urteilsfreiem Gewahrsein heißen wir so alles willkommen, was sich im Inneren erhebt. Dazu gehören unsere verstörenden Gedanken und schmerzhaften Gefühle, unsere tiefsten Ängste und alten Geschichten und all unsere Ego-getriebenen Befindlichkeiten. Wir lernen zu lieben, was ist, so wie es ist, ohne Widerstand, Manipulation oder Bewertung. In der vermeintlichen Passivität des Sich-Ergebens offenbart sich eine gelassene, entspannte Art, »mit den Dingen zu sein«. Diese liebevolle Akzeptanz ist die Basis einer inneren Transformation, die von uns keine Willenskraft oder Anstrengung fordert, sondern ein stilles, beherztes »Ja«.

Dhumavati kontemplieren

Ebenso wie Kali repräsentiert Dhumavati in unserem Leben die Kraft der Auflösung. Kalis Energie jedoch trägt Erneuerung in sich, im Sinne von: »Wenn sich eine Türe schließt, öffnet sich eine andere.« Dhumavati hingegen verkörpert die Weisheit der *Hoffnungslosigkeit.*

Trotz seines allgemein guten Rufs ist das Prinzip Hoffnung zuweilen problematisch, trennt es uns doch vom gegenwärtigen Moment, den wir ablehnen, weil wir uns eine »bessere« Zukunft herbeisehnen. Solange wir auf diese Weise im Widerstand sind mit dem, was ist, werden wir kaum Frieden finden. Hoffnungslosigkeit hingegen ist die womöglich radikalste Form der Akzeptanz. In einer Kutsche ohne Gespann entlocken uns aufmunternde Sprüche unserer Umwelt wie »Kopf hoch, das wird schon wieder … Es kommen auch bessere Zeiten …« höchstens noch ein müdes Lächeln. Wir hören auf, gegen den Fluss des Lebens anzukämpfen, und ergeben uns mit einem tiefen Seufzer der Dunkelheit, die über uns gekommen ist.

In diesem Annehmen und Zulassen offenbart sich die Gnade und Weisheit der Witwengöttin in Form von tiefem inneren Frieden.

Kontemplationsanstöße:

Erinnere dich an einen dunklen Moment deines Lebens, in dem du ohne jede Hoffnung warst. Wann hast du aufgehört zu kämpfen? Konntest du wahrnehmen, wie sich in diesem Moment ein Gefühl des Friedens in dir ausgebreitet hat?

Was oder welchen Verlust in deinem Leben fürchtest du am meisten? Einsam zu sein und ausgestoßen? Alt und gebrechlich? Gescheitert und verarmt? Könntest du auch mit diesem Szenario deinen Frieden machen?

Welche deiner Schattenseiten schaust du nicht gerne an? Welche immer wiederkehrenden Gefühle vermeidest du? Welche Seiten von dir zeigst du deiner Umwelt lieber nicht? Kannst du dich trotzdem in deiner Ganzheit lieben, mit all deinem Licht und all deinem Schatten?

Dhumavati in deinem Atem

Diese Übung ist nicht für jeden Tag, sondern für all die Momente, in denen du vom Leben enttäuscht oder gar gebrochen wirst. Du kannst sie als sitzende Meditation durchführen oder auch liegend für eine sehr verkörperte Erfahrung. Dazu legst du dich mit ausgebreiteten Armen flach auf den Boden – auf den Rücken oder Bauch, ganz wie du willst. Diese Haltung erinnert nicht umsonst an den gekreuzigten Christus, in unserem Kulturkreis das wohl eindrücklichste Sinnbild für das widerstandslose Annehmen des eigenen Schicksals.

Sitzend oder liegend verharre in stillem Gewahrsein. Lass die Dinge aus der Tiefe deiner inneren Dunkelheit aufsteigen, ohne Widerstand, ohne Wertung. Beobachte einige Minuten lang deine Gedanken und Gefühle. Völlig präsent und so entspannt wie möglich, sei mit dem, was ist.

Bring nun die Aufmerksamkeit auf deinen Atem. Wenn du sitzt, kannst du eine Hand flach auf die Mitte des Brustkorbs legen und den Atem hier fühlen, wie er Raum und Weite im Herzen schafft.

Öffne dich dem Mysterium des Lebens mit jeder Einatmung.

Gib dich Dhumavati hin mit jeder Ausatmung. Nutze dazu das stille, innere Mantra: »Auch dies.«

Schließe die Meditation ab, indem du für einige Atemzüge die Augen mit den Handflächen bedeckst, sodass kein Licht mehr durch die geschlossenen Lider dringen kann. Lass dich fallen in die völlige Schwärze, den inneren Abgrund, der das *Nichts* der dunklen Göttin ist.

Dhumavati im Vijnana Bhairava Tantra

Die folgenden Verse sind recht alltagstaugliche Einladungen, dich mit Dhumavatis Energie zu verbinden und tief in das Mysterium der Dunkelheit einzutauchen. Gleichsam aufgelöst von der Hand der Göttin, verschwindet in schwarzer Nacht alle Form und Gestalt. In der konturlosen Dunkelheit offenbart sich die ungebrochene Einheit des formlosen Bewusstseins. Der Text führt uns hier von Form zu Leere, das heißt von unserer dualistischen Wahrnehmung der Welt in eine nicht-dualistische.

In mondloser, tiefschwarzer Nacht meditiere (offenen Auges) ausgiebig über die Formlosigkeit der Dunkelheit und werde so eins mit Bhairava, dem Absoluten Bewusstsein. || 87 ||

Vers 88 bietet uns dann eine alternative Methode an, die sich auch tagsüber praktizieren lässt. Mit dieser äußerst wirkungsvollen Übung bringen wir die nicht-dualistische Erfahrung der Dunkelheit mehr und mehr ins Licht unseres Alltags. Was wir zunächst nur in völliger Dunkelheit erkannt haben, offenbart sich nun auch, wenn die Formen und Gestalten unserer Umgebung sichtbar sind: Alles, was wir wahrnehmen, ist durchtränkt von und verbunden in der Formlosigkeit des Absoluten Bewusstseins.

Auf die gleiche Weise schließe zunächst die Augen und tauch ein in die Dunkelheit hinter deinen Lidern. So meditierend öffne deinen Blick und betrachte staunend die formlose Form des Bewusstseins. Werde eins damit. || 88 ||

Der folgende Vers 101 kann als historischer Ursprung der Schattenarbeit verstanden werden. Er bedient sich nicht wie Vers 87 und 88 der optischen Dunkelheit als Metapher für das formlose Bewusstsein, sondern arbeitet mit unserer *inneren* Dunkelheit, nämlich den Dämonen unserer unwillkommenen Gefühle.

Im Zustand von Verlangen, Hass, Gier,
Verwirrung, Berauschung oder Neid:
Lass den Geist inmitten des Gefühlsaufruhrs
sanft (im Auge des Sturms) ruhen.
Was dann bleibt, ist die friedvolle Stille
des reinen Seins. || 101 ||

Als radikal lebensbejahende spirituelle Tradition ist Tantra einzigartig in seinem Umgang mit unserer Gefühlswelt. Genau wie alles andere im Leben wird sie zum Teil unserer Praxis. Auch hier gilt die tantrische Prämisse der Bewertungsfreiheit: Es gibt weder positive noch negative Gefühle, denn alles entspringt ja der EINEN Quelle. Destruktiv werden unsere Emotionen erst durch den falschen Umgang damit.

Jede deiner Regungen, jede Empfindung ist Shakti, ist göttliche Energie, die in dir pulsiert. Tantra lehrt uns, Schönheit auch da zu sehen, wo wir sie gemeinhin am wenigsten vermuten. Auf unsere Gefühlswelt bezogen, heißt das: Wir sind gleichermaßen fasziniert von allem, was sich in uns regt. Wir erkennen die heilige Schönheit unserer Traurigkeit, die kraftvolle Eleganz unserer Wut, die Zärtlichkeit hinter unseren Ängsten. Alles ist Ausdruck unserer zutiefst menschlichen und ebenso göttlichen Lebendigkeit.

Natürlich bringen unterschiedliche Gefühle sehr verschiedene körperliche Erfahrungen mit sich. Manche Emotionen empfinden wir als angenehm, andere als kaum auszuhalten. Gemeinsam ist ihnen allen, dass wir sie uns als Energiequelle nutzbar machen können, wenn wir sie frei fließen lassen.

Gerade die schwierigen Gefühle haben dabei meist die größte Ladung oder »Power«, stellen also ein besonders effektives »Arbeitsmaterial« für den Tantriker dar. Dass wir unangenehme Emotionen nicht unterdrücken sollten, hat sich in der modernen Psychologie längst herumgesprochen. In der tantrischen Praxis gehen wir weiter als das: Wir nutzen sie als Kraftstoff, um unseren Energiekörper zu stärken.

Was also tun, wenn in uns Gefühle wie Neid und Gier ihr düsteres Haupt erheben? Wenn du ihnen mit Widerstand begegnest, neigen sie dazu, sich in deinem System zu verfangen und als Energieschlacken abzulagern. Hier bilden sie dann im Verborgenen schlafende Samen *(Samskara)*, die darauf warten, getriggert zu werden, um ein »dämonisches Comeback« zu feiern.

Stattdessen rät uns Vers 101: Lass sie als Energiestrom durch dich hindurchfließen – er belebt, nährt und »massiert« dein Körper-Geist-System. Lass sie entspannt kommen und wieder ziehen, ohne dich um sie herum zu verkrampfen. »Lass deinen Geist sanft im Auge des Sturms ruhen«, statt deine Gefühle durch Geschichten und Gedanken mental zu füttern. Konzentriere dich stattdessen auf die körperliche Erfahrung, so wie du es in Lalitas Kapitel im Umgang mit Verlangen gelernt hast (S. 122/123).

Auch intensive Emotionen werden so erstaunlich rasch abfließen und sich wie Rauch auflösen. Was bleibt, ist der leuchtend klare Frieden des reinen Seins.

Dhumavatis Kapitel abschließen möchte ich mit Vers 127. Er lässt uns wissen, dass das Göttliche in gleicher Weise Sein und Nicht-Sein durchdringt. Es wartet überall auf uns. Die knapp bemessenen Zeilen spenden Trost und gewähren Zuflucht, wenn alles zwischen unseren Fingern zerrinnt und wir vor dem inneren Abgrund des Nichts stehen.

Das Unvorstellbare, den Verstand Übersteigende,
die völlige Leere und das Nichts … betrachte all
dies in seiner göttlichen Natur.
Wenn du das vollkommen verinnerlichst,
wirst du erwachen. || 127 ||

Bagalamukhi – die Kraft des Stillstands

In der Stille erhebt sich der unsterbliche Geist, und wortlos kommt die Freude.

Taisen Deshimaru

Die Göttin, die uns die Sprache verschlägt

Bagalamukhi verkörpert *Stambhana,* den hypnotischen Bann völliger Lähmung. In den Traditionen des Tantra sind Momente, die uns für einen Augenblick aus dem Strom des Lebens reißen, machtvolle Portale, aus denen uns das allem unterliegende Bewusstsein entgegenblickt, das sonst meist unter dem Alltagstrubel verborgen bleibt. Kalis Tanz stoppt dann für einen flüchtigen Moment wortlosen Erkennens und gibt den Blick frei auf Shiva, der ihr »Tanzboden« ist.

Spirituelle Techniken, die sich der Magie des Stillstands bedienen, finden sich in den tantrischen Schulen ebenso wie im klassischen Hatha-Yoga, wo wir den Energiefluss bewusst unterbrechen, um ihn dann kraftvoll in neue Kanäle zu lenken. Die bewegte Yoga-Praxis arbeitet dazu mit körperlichen Restriktionen, die zum Beispiel durch langes Halten der Posen, intensive Drehungen des

Rumpfs oder das Binden der Arme entstehen. In der Pranayama-Praxis zeigt sich Bagalamukhi in Form von *Kumbhaka,* der Pause am Ende der Ein- oder Ausatmung.

Wie auch bei Dhumavati in ihrer Kutsche ohne Gespann geht es bei Bagalamukhi um *Stillstand.* Dhumavatis Lebensstrom versickert jedoch im Nichts, während Bagalamukhi ihn nur temporär aufstaut, um ihm Kraft und Richtung zu geben. Die Energie der Göttin wirkt wie ein Damm, hinter dem sich ein Strom aufstaut: Sobald der Damm sich öffnet, wird das Wasser mit umso größerem Druck hinfort schießen. Wenn er lange genug geschlossen bleibt, wird der Fluss des Lebens sich neue Wege suchen, um das Hindernis zu umgehen.

Bagalamukhis Darstellung ist so *frappierend* wie ihre Wirkung: Üblicherweise wird sie in Gold oder leuchtendem Kurkuma-Gelb abgebildet, so strahlend schön, dass wir sie nur offenen Mundes anstarren können. Vor ihr kniet, die Zunge in ihrer Hand, eine sichtlich verdatterte Gestalt, die – stellvertretend für unser begrenztes Ich – gebannt den Schlag ihrer Keule erwartet.

Die deutsche Sprache kennt einen erstaunlich treffenden Ausdruck für die Begegnung mit dieser Weisheitsgöttin: »Es *verschlägt* uns die Sprache«. Bagalamukhis Gnade ist die des wortlosen Erstaunens, das wir erfahren, wenn wir den inneren Diskurs unserer Gedanken unterbrechen und für kostbare Momente ins reine Sein eintreten. Die tantrischen Mystiker nennen diesen Zustand *Chamatkara,* stille Verzückung oder fasziniertes Hingerissen-Sein jenseits aller Begrifflichkeit.

Mit erhobener Keule lässt uns die Göttin innehalten, verzaubert und hypnotisiert von der Schönheit der Schöpfung. Ihre Weisheit offenbart sich als heilige Pause in den zeitlosen Momenten »dazwischen« – zwischen zwei Atemzügen, zwei Gedanken, zwischen Impuls und Reaktion, zwischen Wachen und Schlafen. Für einen Augenblick steht die Welt still: Kalis wilder Tanz gefriert mitten in der Bewegung, Chinnamastas Blutstrom versiegt einen Herzschlag lang, Bhairavis Mala stoppt vor der nächsten Perle.

Das Leben hält den Atem an, um sich in Stille zu sammeln.

Bagalamukhi im Leben begegnen

Im Kreis schillernder Gestalten wie Kali oder Lalita ist die achte der Mahavidyas eine wenig bekannte Außenseiterin, deren seltsame Darstellung – mit erhobener Keule eine Zunge haltend – uns leicht übersehen lässt, welche entscheidende Rolle sie in unserem modernen Leben spielt. Für mich persönlich ist sie zu einer täglichen Begleiterin geworden, die mein getriebenes Naturell wieder einfängt, wenn ich mich in Ungeduld und Aktionismus verliere.

Pausen sind ein unverzichtbares Element im kosmischen Gefüge, das Balance und Nachhaltigkeit bringt. Denn: Im pausenlosen Lauf erschöpft sich jede Schöpfung, und der Prozess des Werdens verpufft wie ein Feuerwerkskörper an Silvester. Bagalamukhis unterbrechende Energie hingegen ist eine organisierende Kraft, die die Dinge in die richtige Richtung lenkt. Sie lässt uns aus unserem Hamsterrad aussteigen, um durchzuatmen und uns einen Überblick zu verschaffen, anstatt blindlings Sprosse um Sprosse zu nehmen, ohne jemals ans Ziel zu gelangen.

Unsere innere Programmierung verleitet uns Menschen allzu leicht dazu, in eine Trance ewigen Tuns zu gleiten. Getrieben vom unbestimmten Gefühl des »Noch nicht genug«, fällt es schwer, uns Pausen zu gestatten. Und wenn wir uns doch zwingen, endlich einmal innezuhalten, können wir die sich ausbreitende Stille des Nichts-Tuns kaum ertragen. Regelrecht süchtig nach unserem stressgesteuerten Hormoncocktail, reagieren wir mit unerklärlicher Unruhe, schon auf der Suche nach der nächsten Aufgabe, dem nächsten Projekt. Ohne dass wir uns dessen wirklich bewusst sind, ist unsere hektische Produktivität oft eine Art Vermeidungsstrategie, um dem Leben zu entkommen. Denn nur in stiller Präsenz können wir das Sein in der Tiefe erfahren und uns selbst begegnen.

Mit sicherer Hand stoppt Bagalamukhi also unser Hamsterrad, damit wir aussteigen und vom Tun ins Sein kommen. Wir alle sind ihr während der Coronapandemie in diversen Lockdowns begegnet, die zuweilen als heilsam und zuweilen als unerträglich empfunden wurden.

Die Göttin zeigt sich auf planetarer Ebene zweimal jährlich als »Solstitium« (lateinisch für Sonnenstillstand), wenn die Sonne stillsteht und wendet, und während der zwölf mystischen Rauhnächte »zwischen den Jahren«.

Im Gefüge unseres Lebens offenbart sie sich Tag für Tag in unzähligen »Madhya-Momenten«, die du bereits in Kalis Kapitel kennengelernt hast: Bagalamukhi ist die Lücke zwischen zwei Atemzügen, zwei Gedanken, zwei Tätigkeiten. Aus diesen kurzen, heiligen Momenten der Stille scheint leuchtend das allem unterliegende Bewusstsein.

Im Angesicht von Ungeduld und blindem Aktionismus mahnt sie uns zum Innehalten, um im Hier und Jetzt unser Leben *in der Tiefe* auszukosten, anstatt auf der Oberfläche von hektischer Betriebsamkeit der Zukunft entgegenzufiebern. Anstelle von »instant gratification«, der unmittelbaren Befriedigung unserer Bedürfnisse, gewährt sie uns die Kraft der Vorfreude, das Vertrauen, dass alles zu seiner Zeit zu uns kommt, und eine kluge Pause zwischen Impuls und Reaktion, in der wir geschickt wählen können, welchem inneren Drängen wir nachgeben und was wir lieber ziehen lassen.

Der Name dieser Mahavidya ist Programm: *Bagala* ist eine Abwandlung des Sanskrit-Worts *valga* und lässt sich als »Zaumzeug« übersetzen, *mukhi* bedeutet »Gesicht«. Bagalamukhi lehrt uns, unsere *Zunge im Zaum* zu halten, Dinge stehen lassen zu können, ohne das letzte Wort zu haben, und die Kunst der Pause in unserem Rede- und Gedankenfluss zu kultivieren. Sie ist die bedeutungsschwangere Stille zwischen zwei Sätzen und die kraftvolle Wirkung des Schweigens. Die Göttin begegnet mir oft im Yoga-Unterricht, wenn ich versucht bin, ohne Punkt und Komma zu reden, anstatt meinen Schülerinnen und Schülern ein paar heilsame Momente der Stille zu gönnen, in denen sie sich selbst erfahren können.

Bagalamukhi Sadhana

Warum fällt es uns Menschen oft schwer, die Stille auszuhalten? Die Antwort lautet: je mehr Stille im Äußeren, desto mehr Tumult im Inneren. In Abwesenheit von Beschäftigung und äußeren Reizen werden unsere Gedanken manchmal unerträglich laut.

Wir leben heute in einer Welt permanenter Reizüberflutung: Im Bus und auf dem Schulhof, beim Gassigehen oder auf der Bank am Spielplatz, beim Abendessen und auf der Toilette – Smartphones und andere Medien sorgen nonstop für akustische und visuelle Stimulation. Sobald diese einmal wegfällt, antwortet unser überhitztes Nervensystem mit innerer Unruhe und Stress. Das Gedankenkarussell nimmt an Fahrt auf, Runde um Runde die immer gleichen Geschichten spinnend. Quälend. Zermürbend. Wir entkommen durch Ablenkung in Form von neuer Stimulation: der nächste Podcast, das nächste Youtube-Video, die nächste Netflixserie, der nächste Instagram-Post. Ein echter Teufelskreis.

Bagalamukhis Mantra ist ein entschlossenes »Stopp!«. Mit ihrer Gnade lernen wir, uns der Stille zu stellen und aus destruktiven Gedankenspiralen auszusteigen. Das ist kein einfacher Prozess, sondern gnadenlose Selbstwahrnehmung, die uns da zunächst erwartet. Den eigenen inneren Diskurs auszuhalten, ist schmerzhaft. Doch nur, wenn wir uns unserer ewig gleichen Gedanken bewusst werden, verlieren sie ihre Macht über uns.

Bagalamukhis Praxis ist also eine des Innehaltens.

In stillem Lauschen begegnen wir uns selbst.

Bagalamukhi kontemplieren

Hast du schon einmal versucht, ein Lagerfeuer zu errichten? Wenn du die Holzscheite zu dicht stapelst, wird es nicht brennen, denn Flammen brauchen Raum zum Atmen. Ganz genauso verhält es sich in deinem Leben: Wenn du zu viel hineinpackst, erstickst du das Feuer deiner Lebensfreude.

Es gilt also, heilige Räume der Pause zu schaffen, in denen du dem Mysterium des Lebens begegnen kannst. Dazu musst du aufräumen in deinen To-do-Listen, Beziehungen – womöglich sogar in deinen Schränken und Kellerregalen. Finde heraus, wo in deinem Leben du Ordnung schaffen musst und welche »Leichen im Keller« dich innerlich umtreiben, immer gleiche Gedankenspiralen erzeugend.

Kontemplationsanstöße:

Welche wiederkehrenden Aufgaben und Beschäftigungen könnte ich »ausmisten«, um Raum zum Atmen in meinem Leben zu schaffen? Worauf könnte ich verzichten, ohne an Lebensqualität zu verlieren?

Welche (zeit- und energieraubenden) Beziehungen pflege ich lediglich aus Gewohnheit oder Höflichkeit, aber ohne echte Freude?

Wann und wo in meinem Leben brauche ich mehr Pausen? Denke an deine Tagesroutine, aber auch den Jahresverlauf mit oft überfrachteten Phasen wie Urlaubs- oder Weihnachtszeit. Wie könntest du hier mehr Raum für Stille schaffen?

Bagalamukhi in deinem Atem

Hast du schon einmal bemerkt, dass mit deinem Atem auch dein Geist stillsteht? Es ist faszinierend zu beobachten, wie jede Atempause – im Yoga *Kumbhaka* genannt – ein gedankenfreier Raum ist, in dem sich das allem unterliegende Bewusstsein offenbart.

Probiere es in sitzender Meditation aus: Lass den Atem frei fließen, begleite mit deiner Aufmerksamkeit die natürliche Ein- und Ausatmung, wie sie kommt und geht.

Füge dann kurze, unangestrengte Pausen am Ende der Ein- und Ausatmung ein, in denen der Atem für einige wenige Sekunden zum Stillstand kommt. Beobachte dabei die Leere deines Geists, der perplex vor Bagalamukhis erhobener Keule kniet.

Wenn du diese Erfahrung ausbauen willst, kehre zurück zur Visarga-Meditation, die du aus Taras Kapitel kennst (S. 105/106), und verfeinere die Technik mit bewussten Pausen an den beiden Wendepunkten deines Atems. Diese Methode, der Kraft des Stillstands zu begegnen, entspringt übrigens Vers 27 des *Vijnana Bhairava Tantra,* wo es heißt:

Ganz am Ende der Aus- oder Einatmung verweile in diesem Moment absoluter Stille und begegne in dieser Erfahrung dem unendlichen Frieden des EINEN Absoluten Bewusstseins. || 27 ||

Bagalamukhi im Vijnana Bhairava Tantra

Als Madhya, die »Lücke dazwischen«, nimmt Bagalamukhi (ebenso wie Kali) im *Vijnana Bhairava Tantra* einen prominenten Platz ein. Vers 62 beschreibt eine klassische Madhya-Technik. Er ist eine Ergänzung zu Vers 61, den du bereits auf S. 92 in Kalis Kapitel kennengelernt hast:

Wenn du einen Zustand oder Gedanken ziehen lässt
und nicht sofort zum nächsten übergehst,
kommst du für einen Augenblick in
der Mitte zur Ruhe. Hier erwartet dich
die höchste Erkenntnis. || 62 ||

Um das Madhya-Prinzip zu verdeutlichen, stell dir eine Lamellen-Jalousie vor, die den Raum verdunkelt. Die Lamellen sind die Dinge des Lebens: Gedanken, Gefühle, Tätigkeiten, Objekte deiner Aufmerksamkeit. Bagalamukhi ist der Spalt zwischen den Lamellen, durch den das Sonnenlicht – in unserem Fall das Licht des Bewusstseins – dringt. Wenn wir die Madhya-Momente in unserem Leben wahrnehmen und ausdehnen, verändern wir die Stellung der Lamellen, sodass durch die vergrößerten Spalten mehr Licht einfallen kann. Was zuerst nur in den Lücken erkennbar war, erhellt nun mehr und mehr unseren gesamten Lebensraum.

Bagalamukhis Energie entfaltet sich immer dann, wenn wir unser Gedankenkarussell mehr oder weniger abrupt zum Stillstand bringen. Diese stille Leere des Geistes wird leichter umsetzbar, wenn wir uns zunächst Vers 99 vergegenwärtigen. Er macht uns unmissverständlich klar, dass wir nicht der Denker unserer Gedanken sind, sondern nur die Leinwand, auf der sie sich präsentieren und entfalten:

Gedanken entstehen ohne Ursache und ohne Grundlage, erratisch und verwirrend (in deinem Bewusstsein). In Wirklichkeit jedoch gehören sie niemandem! Wem diese Wahrheit bewusst ist, der ist Shiva selbst, oh Geliebte. || 99 ||

Wenn du dir die »Unpersönlichkeit« deiner Gedanken bewusst gemacht hast, kannst du weitergehen zu Vers 108:

Befreie den Geist von allen Vorstellungen und zerstreuendem Denken. So wirst du eins mit dem Absoluten Bewusstsein. || 108 ||

Vers 129 wird konkreter und lädt uns ein zu einer Meditation offenen Gewahrseins, die ich oft als »Teflon-Meditation« bezeichne, weil hier der Antihaft-Effekt einer guten Bratpfanne gefragt ist: Wir lassen unsere Gedanken kommen und gleich wieder ziehen, ohne uns darin zu verfangen. Dies erfordert wache Aufmerksamkeit, um eine entstehende Gedankenspirale im Keim zu ersticken, bevor sie an Fahrt aufnimmt. In stillem Sitzen beobachten wir, wie Gedanken entstehen, und lösen uns schlagartig von ihnen, bevor in uns eine Kette von Assoziationen in Gang gesetzt wird.

Wohin auch immer deine Gedanken schweifen, lass sie im selben Moment los. Wenn dein Geist sich in nichts mehr verbeißen kann, wird er still. || 129 ||

Zum Abschluss dieses Kapitels zwei der verblüffendsten *Yuktis* (Methoden) aus dem *Vijnana Bhairava Tantra*. Sie feiern die wort- und sprachlose Intensität von typischen »Bagalamukhi-Momenten«, in denen die Göttin uns in ihren hypnotischen Bann zieht:

Renne umher oder dreh dich wirbelnd im Kreis,
bis du mit einem Mal erschöpft zu Boden fällst.
In diesem Moment (plötzlicher Stille) offenbart sich
der höchste Zustand. || 111 ||

Den einfachsten Zugang zu diesem Vers haben all jene, die sich beim Marathon oder sonstigen Sportarten gerne »bis zum Umfallen« verausgaben, und natürlich alle, die den heiligen Derwisch-Tanz der Sufis praktizieren. Falls du nicht dazugehörst: Eine praktische Abwandlung dieser Methode ist der »Stopp-Tanz«, den du vielleicht noch von Kindergeburtstagen kennst. Fang an zu tanzen, bis die Musik plötzlich mitten im Song stoppt, und halte dann inne. Es geht darum, mitten in der Bewegung zu gefrieren und so aus dem Strom der linearen Zeit für einige Momente auszusteigen, um die unterliegende Leinwand zu erkennen, das Feld von reinem Bewusstsein, aus dem sich in Wellen die Realität unserer tagtäglichen Wahrnehmung erhebt.

Unmittelbar vor oder nach dem Niesen, in Angst
oder Schmerz, am Rand eines Abgrunds oder auf
panischer Flucht, von unstillbarer Neugier oder
heftigem Hunger gepeinigt – in all diesen Zuständen
erkenne die absolute Realität. || 118 ||

Dieser Vers fordert uns auf: Bleibe bewusst auch in Momenten intensiver Erfahrung, in denen dein Geist stoppt. In diesem zeitlosen

Vakuum öffnet sich für einen Augenblick eine heilige Pforte ins Herz der Realität, in die Erkenntnis des allem unterliegenden und alles durchdringenden Bewusstseins. Shakti, in ihrer Form als Bagalamukhi, führt dich in diesen Augenblicken auf direktem Weg zu Shiva.

Matangi –
der schöpferische Freigeist

Draußen, jenseits der Vorstellungen
von richtig und falsch, liegt ein Feld.
Dort werden wir uns treffen. Wenn die Seele sich
daselbst ins Gras niederlässt, ist die Welt so erfüllt,
dass davon niemand mehr zu reden vermag.

Rumi

Die rebellische Göttin der Inklusion

Matangi ist die Göttin des Ausdrucks in Form von Wort und Wissen, Kunst und Musik. Wie Tara verkörpert sie die schöpferische Kraft des Klangs, allerdings auf der Ebene des Manifesten, Differenzierten, ausgeformt zu Melodie und Sprache. Aus Taras Kapitel erinnern wir uns, dass sich Sprache in einem vierstufigen Prozess verdichtet, aus der unmanifesten Urschwingung, die Taras summendes Potenzial ist, hinein ins gesprochene Wort, die Domäne der Göttin Matangi. In ihrer Form als *Matrika Shakti,* Mutter oder Matrix der Sprache, bricht sie Taras *OM* auf in die Laute des Alphabets, aus denen Wörter und Sätze entstehen.

Matangi ist die wilde, tantrische Schwester der anmutigen Hindu-Göttin Sarasvati: Beide tragen die Vina, ein indisches Saiteninstrument, und sind Göttinnen der Sprache, des Wissens und der Künste. Doch im Unterschied zur eleganten Lichtgestalt Sarasvatis – Göttin der gebildeten Oberschicht – ist Matangi eine konsequent unangepasste Göttin der *Inklusion,* eine der obersten Prämissen des Tantra. Sie schließt die unteren Kasten ein, die am Rande der Gesellschaft Lebenden sowie Künstler und Suchende, die mit sozialen Normen und Konventionen gebrochen haben.

»Matangi ist der Anteil von Sarasvati, der sich mit der transformierenden Energie Kalis verbündet hat«, schreibt David Frawley in seinem Buch *Tantric Yoga and the Wisdom Goddesses.* Im rebellischen Freigeist der Göttin schwingt die Anziehungskraft des Anstößigen und Verbotenen mit. Matangi ist der berühmte Apfel am Baum der Erkenntnis, von dem Adam und Eva genascht haben, und die nicht standesgemäße Geliebte in *Pretty Woman.*

Meist smaragdgrün dargestellt, von sprechenden Papageien begleitet, steht diese Mahavidya für das Bunte, Unkonventionelle im Leben. Ihre Energie ist wild, verspielt, ekstatisch und kreativ. Sie erweckt unseren Schöpfergeist, den göttlichen Funken, den wir in Kunst und Sprache zum Ausdruck bringen.

Die konventionssprengende Göttin hat eine Vorliebe für unreines Essen, wie zum Beispiel Überreste und Verdorbenes, sowie Tabu-Substanzen, wie etwa Alkohol oder Menstruationsblut, die ihr in Indien typischerweise als Opfergaben dargebracht werden. Matangi führt uns über die Dualität von rein/unrein bzw. angemessen/anstößig hinaus und erinnert uns daran, dass alles aus demselben göttlichen Stoff gemacht ist. Ihre radikale Inklusion ist ebenso schockierend wie befreiend im Kontext der orthodox-hinduistischen Gesellschaft mit ihren restriktiven und zuweilen regelrecht obsessiven Geboten von Läuterung und Reinheit.

Matangis Assoziation mit Unreinem findet sich auch in ihrer Funktion als Mahavidya der Sprache. In unserem Energiekörper sitzt die Göttin im Kehlchakra, auf Sanskrit *Vishuddha,* was übersetzt »Reinigung« oder »Läuterung« bedeutet. Sie veranschaulicht die Profanisierung oder »Verunreinigung«, die stattfindet, wenn wir etwas benennen.

Wie wir in Kapitel 2, Teil 1 gesehen haben, ist unsere menschliche Sprache in der Subjekt-Objekt-Dualität gefangen. Das ist das Prinzip sprachlicher *Abstraktion,* abgeleitet von dem lateinischen Verb abstrahere = entfernen, wegziehen, trennen. Indem wir einer Sache einen Namen oder Begriff zuordnen, trennen wir uns selbst vom Objekt, auf das wir uns beziehen, und das Objekt aus dem nicht-dualistischen, alles verbindenden Gewebe der Einheit heraus. Matangis erhobenes Schwert vollzieht in unserem Geist diesen spaltenden Schnitt jedes Mal, wenn wir den Mund aufmachen oder sich unsere Gedanken zu Worten verdichten.

Diese »Entweihung« ist der Schatten der Gabe der Sprache. Er entreißt uns Bagalamukhis reiner Präsenz und wortloser Ergriffenheit über das Schöne und Heilige dieser Welt. Wir sind plötzlich nicht mehr EINS mit allem, sondern stehen außerhalb der Schöpfung, sie betrachtend, zerlegend und benennend.

Diese Verbalisierung bereitet den Boden für den unablässigen inneren Diskurs unserer Gedanken, dessen Narrativ unsere persönliche Realität formt. Der mentale Monolog über das, was wir wahrnehmen, überlagert dann jede Erfahrung – kategorisierend, analysierend, vergleichend. Gefangen in den Strukturen sprachlicher Begriffe verpassen wir die Chance, das wundersame Mysterium des Lebens in seiner ganzen Tiefe auszukosten.

Auch Matangi trägt die zwei Gesichter des Heiligen Weiblichen, uns gleichermaßen bindend und befreiend: Sie ist die schöpferische Kraft der Sprache, die die wahre Natur der Dinge verhüllt und limitiert. Und ebenso die offenbarende Gnade, die uns hilft, unsere Gedankengebäude, Vorstellungen und Bewertungen zu transzendieren, um in ein lebendiges, verkörpertes Sein zu erwachen, das keiner Begrifflichkeit mehr bedarf.

Matangi im Leben begegnen

Die neunte Mahavidya steht für Licht und Schatten der Sprache sowie kreativen Selbstausdruck. Du kannst Matangi in jeder zivilisatorischen Leistung und jedem kulturellen Höhenflug der Menschheit erkennen. Ihre Energie fließt durch uns als Wissensdurst und Forschergeist, Freude an der eigenen Schöpferkraft und Sehnsucht nach Selbstverwirklichung. Sie ist die Göttin missverstandener Künstler, genialer Erfinder, verrückter Professoren und charismatischer Politiker.

Matangi verkörpert die tiefe Weisheit, die der Bedeutung von Worten und Redewendungen innewohnt. Mit zartem Finger berührt die Göttin unsere Zungenspitze und schenkt unserer menschlichen Sprache Klarheit, Eloquenz, Poesie und Humor.

Sie verleiht uns die Authentizität und Wahrhaftigkeit, mit der wir unser Innerstes zum Ausdruck bringen, und den Mut, etwas zur Sprache zu bringen, unsere Stimme zu erheben und uns Gehör zu verschaffen, um zu uns und unseren Werten zu stehen. Die »toughe« Darstellung der tantrischen Göttin erinnert gerade uns Frauen daran, dass wir uns trauen dürfen, unsere Meinung offen kundzutun, ohne Angst vor Missbilligung und Ausgrenzung.

Matangi ist an unserer Seite, wenn wir Lampenfieber haben, ins Stammeln geraten oder uns die Worte im Halse stecken bleiben. Dann hilft sie uns, uns selbst aus dem Weg zu gehen, damit wir zu ihrem Instrument werden und mit ihrer Energie fließen können.

Im täglichen Leben offenbart sich Matangi in jeder Form von Kommunikation. Dazu gehört die Art, wie wir miteinander reden, aber auch das geschriebene Wort. Du begegnest der Göttin in jedweden Medien, moderner Informationstechnologie und künstlicher Intelligenz. Typische Matangi-Themen unserer Zeit, die zeigen, wie Sprache unsere Realität formt, sind Gendern, Wokeness (Wachsamkeit diskriminierender Sprache gegenüber) und gewaltfreie Kommunikation. Der Schatten der Göttin zeigt sich in Populismus und Mobbing sowie der Cancel-Culture und gezielten Verbreitung von »Fake News« in den sozialen Netzen.

Die Mahavidya der Sprache verbindet und spaltet uns gleichermaßen. Sie schafft Gemeinsamkeit, Austausch und Zughörigkeit. Doch wenn wir *nicht dieselbe Sprache sprechen* – im wörtlichen, linguistischen ebenso wie im übertragenen, zwischenmenschlichen Sinn –, sind Konflikte meist vorprogrammiert.

Als »Punkrock-Göttin« radikaler Inklusion steht sie außerhalb jeglicher Konvention und Bewertung. Ihr erhobenes Schwert macht kurzen Prozess mit jeder Art von Diskriminierung und Ausgrenzung. Matangi führt uns über die Dualität von richtig oder falsch hinaus und lässt uns erkennen, dass es auf unserer menschlichen Ebene kein absolutes Wissen und keine absolute Wahrheit gibt. Dadurch eröffnet sie uns einen Raum der Toleranz, in dem wir uns frei von Dogma und Vorurteil begegnen können.

Matangi Sadhana

Die rebellische Göttin manifestiert sich in jeder Form von schöpferischem Ausdruck, sei es durch Sprache, Musik oder bildende Kunst. Sie ist der Zustand des kreativen Flows, in den wir geraten, wenn wir lernen, den Kopf auszuschalten. Wir bringen den unablässigen inneren Diskurs unserer Gedanken auf Matangis Altar dar und öffnen uns ihrer schöpferischen Kraft. Fast schon ohne unser Zutun entstehen die Dinge dann oft wie von selbst, weil wir zum Werkzeug und Gefäß IHRES Spiels werden. In diesem Spirit von Freiheit und Freude wird jede Art kreativen Schaffens zur spirituellen Praxis.

Matangi kontemplieren

Kennst du das buddhistische Gleichnis vom Finger, der zum Mond zeigt? Der Finger steht für jede Beschreibung durch Worte oder spirituelle Lehren, der Mond für die Erfahrung des Göttlichen. Nur wenn wir den Blick vom Finger wenden, können wir den Mond sehen. Anders gesagt: Nur wenn wir alle Begriffe und Konzepte hinter uns lassen, können wir vollkommen ins reine Sein eintreten.

Spirituelle Wege sind dann am effektivsten, wenn sie sich selbst obsolet machen. Jede Lehre, der du folgst, ist ein Floß, das dich auf die andere Seite des Flusses übersetzt. Am Ufer des Erwachens angekommen, kannst du es zurücklassen, weil du es nicht länger benötigst, um »den Mond zu sehen«.

In Matangis Sadhana nutzen wir paradoxerweise die intellektuelle Kraft von Wort und Sprache, um darüber hinauszugelangen, in eine Erfahrungsebene jenseits des begrifflichen Denkens. Wir lernen philosophische Konzepte zu durchdringen und zu transzendieren, indem wir sie als Portal begreifen, als Vehikel, das seine Bedeutung verliert, wenn wir in die reine, wortlose Erfahrung eingetreten sind. Mit dem Segen der Göttin hören wir auf, den Finger, der zum Mond zeigt, mit dem Mond zu verwechseln. Und erblicken in *sprachlosem Staunen* den Mond selbst.

Kontemplationsanstoß:

Eine wirkungsvolle Art, mit Matangis Energie zu arbeiten, ist, Textpassagen zu kontemplieren, die dich bewegen. Such dir dazu einen Satz aus diesem (oder auch jedem anderen) Buch, der spürbar mit dir resoniert, in der Art eines »Ganzkörper-Ja«.

Lies diesen Satz zunächst immer wieder, versuche, ihn wirklich zu verstehen, am besten sogar, ihn in deinen eigenen Worten auszudrücken. Lass dann die sprachliche Ebene hinter dir und die Kraft der Worte in ihrer reinen, gedanken- und assoziationsfreien Essenz auf dich wirken. So gelangst du zu einer tieferen Wahrheit, die alle Begrifflichkeit transzendiert.

Diese Art, Texte zu kontemplieren, folgt dem Dreisprung von Körper, Geist und Seele: Nutze zunächst die Weisheit und Resonanzfähigkeit des Körpers, um einen Text zu wählen. Nutze dann deinen Intellekt, um ihn dir verstandesmäßig zu erschließen. Lass schließlich den Gedankenstrom ziehen und lausche still der inneren Wahrheit und Essenz, die durch die Worte durchscheint.

Zur Verdeutlichung ein Beispiel aus meiner eigenen Erfahrung: Ich selbst bin von jeher magisch von der unerklärlichen Kraft bestimmter Formulierungen angezogen, auch wenn ich sie manchmal nicht verstandesmäßig begreifen kann. Vor etwa 15 Jahren stolperte ich irgendwo über folgenden Satz: *»Ob du wachst, schläfst oder träumst, wisse, du bist Licht.«*

Ich wusste damals nichts über das tantrische Weltbild, hatte mich nicht einmal ansatzweise mit den alten Texten beschäftigt und definitiv noch nie vom *Vijnana Bhairava Tantra* gehört. Aber in der Vorstellung von mir selbst als *Licht* erkannte ich intuitiv eine tiefe, wenngleich unfassbare Wahrheit, die mich seltsam berührte. Ich schrieb mir die Worte auf und habe sie nie vergessen. Und schließlich, mehr als zehn Jahre später, habe ich sie erstaunt als Vers 86 wiedererkannt, als mir beim Studium des *Vijnana Bhairava Tantra* die poetische Übersetzung von Paul Reps in die Hände fiel.

Heute verstehe ich den philosophischen Unterbau des Verses und bin vertraut mit dem Konzept von *Prakasha,* unserer Grundsubstanz als »Licht des Bewusstseins«. Ihren wirklichen Zauber jedoch entfalten diese Worte nur, wenn ich mich vom intellektuellen Konzept löse und sie als zeitlose Wahrheit *spüre,* die meinen denkenden Verstand transzendiert. Wenn ich sie *atme* und nicht denke. Nur dann kann ich sie in ihrer Tiefe durchdringen und als Portal nutzen, das mich in meine innere Grenzenlosigkeit führt.

Matangi in deinem Atem

Die folgende Übung lässt sich am kürzesten darlegen mit: Du kannst *alles* atmen. Auch wenn das vom verstandesmäßigen Standpunkt aus keinen Sinn ergibt – insbesondere, solange wir uns in der begrenzten Vorstellung von Atem als Luftaustausch bewegen –, kann ich aus Erfahrung berichten, dass sich diese Praxis bereits kleinen Kindern intuitiv erschließt.

Die Übung lädt ein, in stiller Präsenz mit etwas zu sein und dabei Matangis Schatten, den unablässigen Diskurs unserer Gedanken, hinter uns zu lassen. Wir bedienen uns dabei der körperlichen Erfahrung des Atmens, um in eine innere Stille und Weite einzutreten, in der Subjekt und Objekt verschmelzen. Wie so oft im Tantra nutzt diese Praxis den lebendigen, atmenden Körper als Instrument, um den denkenden Verstand zu transzendieren.

Beginne in einem guten Sitz, wenn möglich mit gekreuzten Beinen, bei dem du die Handflächen flach vor dir auf den Boden legen kannst. Für alle drei Varianten dieser Übung empfehle ich halb geöffnete, entspannte Augen, der Blick ist gleichermaßen nach innen wie außen gerichtet.

So geht es Schritt für Schritt:

1. Bring die Aufmerksamkeit auf deinen Atem, während dein Blick weich und weit zwischen deinen Händen ruht. Stell dir vor, wie du mit jeder Einatmung Energie aus dem Boden ziehst: Durch deine Handflächen strömt sie in die Mitte des Brustkorbs, dein Herzzentrum. Von hier aus atme aus und lass die Energie zurückfließen, durch deine Hände hinein in den Boden, der dich trägt.
   Atme die Erde.
2. Im nächsten Schritt suche dir einen lebendigen, aber bewegungslosen Atempartner. Das kann dein schlafendes Haustier sein, ein Baum, vor dem du dich niederlässt, oder ein Mensch, der dir still gegenübersitzt. Öffne dich mit jeder Einatmung der Präsenz, der reinen Energie oder Vibration deines Gegenübers. Vermeide Begriffszuordnungen und Benennen, das heißt alles, was im Angesicht deines Atempartners an Wissen und Assoziationen in deinem Geist auftaucht. In wortloser Präsenz offenbart sich die lebendige Heiligkeit der Schöpfung in Gestalt deines Gegenübers.
   Atme dein Gegenüber.
3. Dehne dann deine Aufmerksamkeit aus. Nimm die Umgebung wahr, ohne deinen Fokus auf etwas Bestimmtes zu lenken. Spüre den Raum, der dich von allen Seiten umgibt, und die innere Berührung der Luft, die du atmest. Lausche den Geräuschen, der Stimmung und Energie dieses Augenblicks, ohne zu bewerten, zu analysieren, zu kommentieren. Mit jeder Einatmung lass dich von der Gesamtheit des Moments durchströmen. Mit jeder Ausatmung werde EINS mit ihm.
   Atme diesen Moment.

Matangi im Vijnana Bhairava Tantra

Zu den Aspekten von Inklusion, Klang und Sprache gibt es einige erhellende Verse im *Vijnana Bhairava Tantra,* die uns Matangis Energie erschließen – in stiller Kontemplation und ebenso als gelebte Praxis, die unsere Tage durchwebt.

Beginnen wir mit zwei Versen, die die Rigidität von gesellschaftlichen Konventionen und religiöser Strenge durchbrechen. Vorurteilslosigkeit und Bewertungsfreiheit sind entscheidende Prinzipien der tantrischen Tradition, die berüchtigt war für ihre transgressiven Methoden. Dabei wurden im streng rituellen Kontext bewusst gesellschaftliche Tabus gebrochen, etwa durch den Verzehr verbotener Substanzen oder außerehelichen Geschlechtsverkehr. Auf dem spirituellen Weg des Tantra lernen wir, weniger gefangen in Vorstellungen und Konzepten zu sein, um uns freier und freudvoller auf das Leben einzulassen – in Offenheit, Faszination und Staunen.

Die religiöse Reinheit von Unwissenden ist
Unreinheit in den Augen Shivas.
In Wirklichkeit gibt es weder Reinheit noch
Unreinheit. Wahre Freude erlangt, wer sich von
diesen Vorstellungen befreit. || 123 ||

Es gilt also, unser Schwarz-Weiß-Denken zu transzendieren und in die Mehrdeutigkeit, das Feld des Sowohl-als-auch, hinein zu entspannen. Der Gegensatz von rein/unrein steht für die vielen kategorischen Bewertungen, die uns tagtäglich begleiten, wie richtig/falsch, gut/schlecht, wertvoll/nutzlos, gewöhnlich/besonders, gelungen/gescheitert. Du kannst den Erfahrungen und Ereignissen des Lebens enthusiastischer und offener begegnen, wenn du sie nicht gleich in die typischen Schubladen deiner inneren Kategorisierung steckst.

Vers 124 erinnert uns daran, dass die mittelalterlichen Schulen des Shaiva-Tantra eine Weltsicht der Inklusion und Gleichstellung vertraten, die – im patriarchalischen Gefüge orthodoxer Traditionen und in einer durch das Kastensystem gespaltenen Gesellschaft – revolutionär und ihrer Zeit weit voraus war.

Die Realität Bhairavas ist allgegenwärtig, selbst im ganz Gewöhnlichen und bei einfachen Leuten. Erkenne, dass es nichts anderes gibt außer dem EINEN, und werde frei von Dualität. || 124 ||

Wir treten also ein in die nicht-dualistische Erfahrung der Welt, wenn wir lernen, das Göttliche in allem und allen zu sehen. Das ist leichter gesagt als getan. Zu sehr ist unsere dualistische Wahrnehmung von innerer Bewertung, sozio-kultureller Prägung und unseren persönlichen Vorstellungen konditioniert. Es fällt uns relativ leicht, das Göttliche in Menschen zu sehen, die wir bewundern und lieben. Im Bierzelt auf dem Münchner Oktoberfest oder am Montagmorgen in der überfüllten U-Bahn sieht die Sache schon anders aus. Diese und ähnlich gelagerte Gelegenheiten sind ein ausgezeichnetes Übungsfeld, um uns über die Filter von Vorurteil und Bewertung hinwegzusetzen und hinter der Fassade äußerer Diversität zu erkennen, was uns *eint.*

Vers 124 adressiert, was heutzutage als »spiritueller Narzissmus« bezeichnet wird, eine Art Hochmut, die uns über »gewöhnliche«, weniger spirituelle Menschen stellt. Wir fühlen uns ihnen überlegen, weil wir meditieren, Tarot-Karten legen oder Yoga praktizieren. In scheinbarer Demut und mit mildem Lächeln blicken wir herab auf all jene, die »ihren Weg noch nicht gefunden haben«, ohne zu verstehen, dass uns all unsere spirituellen Bemühungen kein bisschen göttlicher oder heiliger machen als sie.

Letztlich machen uns beide Verse klar, dass spirituelle Praxis nicht Halt macht vor dem »Unreinen«, dem »Gewöhnlichen«, dem Profanen, sondern sich in radikaler Inklusion über *alle* Aspekte und Situationen des Lebens erstreckt.

In Vers 41 des *Vijnana Bhairava Tantra* lernen wir, dem Klang eines Instruments in die Stille zu folgen:

Lausche mit ungeteilter Aufmerksamkeit dem Klang von Saiten- oder anderen Instrumenten und folge den langsam verklingenden Tönen in die Stille. Tritt so ein ins grenzenlose Bewusstsein. || 41 ||

Im Sanskrit-Original des Verses ist von der Vina, Matangis traditionellem Saiteninstrument, die Rede. Aber du kannst einen ganz ähnlichen Effekt mit einer Klangschale oder einem Windspiel erzielen, deren verklingende Schwingung du mit vollkommener Aufmerksamkeit begleitest. Dein Geist geht in Resonanz mit dem Ton und löst sich gemeinsam mit ihm in der Stille auf.

Vers 80 schließlich kann als Ergänzung zur Atempraxis dieses Kapitels verstanden werden:

Betrachte mit reglosem Blick die äußere Form von etwas. Frei von allen Assoziationen, Projektionen und Gedanken wirst du so rasch zu Shiva. || 80 ||

Es geht darum, in stiller Präsenz mit etwas oder jemandem zu sein, ohne dabei durch mentale Aktivität von der reinen Erfahrung abgelenkt zu werden. Geeignet für diese Praxis ist alles Unbewegte: Das kann ein Gegenstand sein, wie zum Beispiel eine Vase voller Blumen, oder auch ein Bild, eine Statue von deinem Hausaltar, ein Mensch, der dir still gegenübersitzt, dein schlafender Hund, ein

Baum oder Fels. Was immer du wählst: Kannst du es in seiner reinen »Nacktheit« betrachten, ohne es in eine innere Story zu kleiden? Kannst du es in seinem »So-Sein« wahrnehmen und alles beiseitelassen, was du darüber zu wissen glaubst?

In der Betrachtung der Welt lass deinen Geist frei schweben, statt ihn in einem Gedankengebäude einzusperren.

Kamala – die süße Fülle des Lebens

Und wenn wir die ganze Welt durchreisen,
um das Schöne zu finden:
Wir müssen es in uns tragen, sonst finden wir es nicht.

Ralph Waldo Emerson

Die Lotosgöttin

Die letzte der Mahavidyas hat es weit über den Dunstkreis des Tantra hinaus zu großer Popularität gebracht. Unter ihrem alten vedischen Namen *Shri* – auf Deutsch Glückverheißend – symbolisierte sie bereits im vorchristlichen Jahrtausend die süße Fülle des Lebens. Jahrhunderte später tauchte sie dann als Lakshmi an der Seite Vishnus auf und wurde zu einer der populärsten Göttinnen des Hindu-Pantheons. Als tantrische *Kamala* – oft auch *Kamalatmika* genannt – erscheint sie jedoch nur äußerst selten in männlicher Begleitung. Wie alle Mahavidyas steht sie für sich allein als schöpferisches Prinzip.

Kamala bedeutet »Lotos« – die Göttin ist Sinnbild für das blühende Leben in seiner inneren und äußeren Entfaltung, für Fruchtbarkeit, Fülle und Freude. Wie der Lotos wurzelt sie tief im Verborgenen, in Kalis Dunkelheit, und entfaltet sich als strahlend reine Blüte, die nichts beschmutzen kann.

Ebenso wie Lalita Tripura Sundari, die dritte der Mahavidyas, verkörpert auch Kamala die Schönheit, allerdings in ihrer vollendeten, manifesten Form. Lalita ist der subtile Hauch der Sehnsucht. Kamala begegnet uns »handfester«: Leuchtend durchwebt sie die Schöpfung als perlendes Gelächter, voller Freude und Glückseligkeit. Wohin auch unser Blick fällt, Kamala lässt uns das Göttliche in *allem* erkennen, insbesondere in der heiligen Schönheit und üppigen Fülle der Natur.

Die letzte der Mahavidyas vollendet die große Kehrtwende, die der spirituelle Weg des Tantra nimmt. Er führt uns zunächst *aufwärts* in transzendente Sphären, wenn die erwachende Kundalini die Krone sucht, und lässt uns von dort reicher, bewusster und erwachter ins Weltliche zurückkehren, mitten ins pralle Leben hinein – oder »back to the market place«, wie man im Zen sagt.

Konkret bedeutet das: In der Meditation erfahren wir die Transzendenz, unsere Shiva-Natur, die dem Tanz des Lebens als stiller Urgrund unterliegt. Und bringen diese Erkenntnis dann zurück in den Alltag, um sie zu integrieren. Die erlösende Erfahrung unserer inneren Grenzenlosigkeit beginnt sich so allmählich in unser tägliches Leben hinein auszudehnen. Als stille Glückseligkeit durchwebt sie unsere Tage und verleiht selbst den banalsten, profansten Momenten einen staunenden Zauber.

Was in Kalis dunklem Abgrund begann, vollendet sich mit der Lotosgöttin. Kali und Kamala sind die beiden Pole im Spektrum des Lebens: Die eine verkörpert das Nichts, den transzendenten Ursprung, den Mutterschoß, in dem das Leben als stilles Potenzial schlummert, bevor es das Licht der Welt erblickt. Die andere die immanente Fülle der Schöpfung, verwirklicht zu Form und Gestalt. Kali ist die erneuernde Kraft des dunklen Neumonds, zugleich Ende und Beginn jedes Zyklus. Kamala der hell leuchtende Vollmond, Zenit und Vollendung alles Manifesten. Am Ende sind sie beide EINS, zwei Seiten einer sich drehenden Medaille, die das Leben ist.

Die innere Heldenreise, auf der uns die Mahavidyas ihre Weisheit offenbaren, beginnt mit der radikalen Enthauptung durch Kalis Schwert und endet in der staunenden Gnade des offenen, furchtlosen Herzens, die wir in Kamala finden. Es gibt keine Abkürzung, die wir auf dieser Reise durch Licht und Dunkelheit nehmen können: *Nur wenn wir unser Ego-Ich auf dem Altar der dunklen Göttinnen dargebracht haben und zu unserer wahren Natur erwacht sind, können wir die süße Fülle und Glückseligkeit der Lotosgöttin empfangen.*

Kamala im Leben begegnen

Die vielschichtige Energie der Lotosgöttin erstreckt sich über das Spektrum der *Purusharthas*, der vier universellen Lebensziele. Sie liefern uns eine ganzheitliche Grundstruktur für ein erfülltes Dasein in dieser Welt. Dieses Schlüsselprinzip des Hinduismus durchdringt seit mehr als drei Jahrtausenden alle Epochen und Traditionen des Subkontinents. Es findet sich bereits im *Rig-Veda*, der ältesten Schrift des Hindu-Kanons, und im großen vorchristlichen Epos *Mahabharata* ebenso wie in den Lehren des Ayurveda. Die Purusharthas beschreiben die vier Aspekte eines rundum erfüllten Lebens. In ihrer praktischen Anwendung geht es darum, die vier Arten von Fülle, mit denen das Universum uns segnet, in eine ausgewogene Balance zu bringen, um maximales Lebensglück zu erfahren. Als Göttin innerer und äußerer Fülle verkörpert Kamala alle vier Purusharthas: *Dharma, Artha, Kama* und *Moksha.*

Das erste der Purusharthas ist *Dharma,* ein Begriff, der zu den Kernkonzepten der *Bhagavad Gita* gehört, der bekanntesten Schrift des Hinduismus. Im ursprünglichen Kontext der indischen Gesellschaftsstruktur wird Dharma gerne mit Vorstellungen von

Rechtschaffenheit, Pflichterfüllung und Bestimmung gleichgesetzt. Heutzutage erscheinen Assoziationen von Lebenssinn und Selbstverwirklichung passender, weshalb ich Dharma gerne etwas freier und moderner mit *»Erfüllung«* übersetze. Dieser erste Aspekt von Lebensfülle ist die entscheidende Grundlage für die folgenden Purusharthas, denn: Wenn wir nicht im Dharma verankert sind, ist jede andere Art von Fülle in unserem Leben oberflächlich, leer und auf die Dauer unbefriedigend.

Die Lotosgöttin begegnet uns also als unser Dharma. Sie schenkt uns Sinn darin und Freude daran, dem Leben zu dienen, unseren Beitrag zu leisten, unsere Talente und Gaben zum Ausdruck zu bringen und daran zu wachsen. Dazu gehören die berufliche Verwirklichung ebenso wie familiäre Aufgaben und unsere Verantwortung als Teil der Gemeinschaft – eben unser gesamtes Wirken in dieser Welt. Wenn wir unseren Dharma leben, sind wir im Einklang mit unserem inneren Ruf und finden Erfüllung in dem, was wir tun.

Kamalas zweiter Aspekt ist *Artha,* Wohlstand und materielle Absicherung. Im Licht der Lotosgöttin begreifen wir *Fülle als innere Haltung,* die uns über eine von Angst getriebene Nicht-genug-Mentalität von Mangel und Anhäufung hinausführt. Wir erkennen, wie reich beschenkt wir sind, und transformieren so Gier zu Dankbarkeit. Großzügigkeit und Freude am Teilen machen uns zu einem offenen Kanal für einen Überfluss, der nicht dem Geldbeutel, sondern dem Herzen entspringt.

Kamala in unser Leben einzuladen, bedeutet, durchaus Freude an materiellem Besitz und geschicktem Wirtschaften zu kultivieren, aber dabei frei von Anhaftung zu bleiben. Die Lotosgöttin lehrt uns, empfänglich zu sein für die Geschenke des Lebens, ohne gierig danach zu greifen oder uns daran festzuklammern.

Die dritte Art von Fülle, die die Göttin verkörpert, ist *Kama,* Lebensfreude, Genuss und sinnliches Vergnügen. Kamalas Energie begegnet dir, wenn ein Stück erlesene Schokolade in deinem Mund schmilzt oder du den Duft deines schlafenden Kindes einatmest. Wenn du die perfekten Schuhe zu deinem Partykleid gefunden hast oder die Farbenpracht eines Blumenstraußes bewunderst. Wenn du nach einem eisigen Wintertag in ein warmes Schaumbad gleitest oder dich einer leidenschaftlichen Umarmung hingibst. (Bitte ergänze diese Liste hier und jetzt um mindestens drei weitere typische Anlässe tiefer Sinnesfreude aus deinem Leben.)

Als weltzugewandte, lebensbejahende Tradition lädt Tantra uns ein, sinnlichen Genuss ohne Schuld, Scham und Reue auszukosten, solange wir es *bewusst* tun, in voller Präsenz und ohne Anhaftung. Diese Einstellung hebt sich von den meisten anderen spirituellen Wegen ab und spiegelt ein tiefes Vertrauen in unsere menschliche Fähigkeit wider, Sinnlichkeit bewusst ausleben zu können, ohne uns darin zu verstricken.

Die vierte und letzte Art von Fülle, die Kamala verkörpert, ist *Moksha,* spirituelle Befreiung oder, noch treffender, *innere Freiheit.* Unsere Bereitschaft, mit offenem Herzen zu empfangen und wieder loszulassen, ist ein essenzieller Aspekt von innerer und äußerer Fülle, denn alle Erfüllung, aller Wohlstand und aller Genuss dieser Welt werden uns nicht wahrhaftig glücklich machen, solange sie uns in Ketten legen. Zu flüchtig, zu vergänglich ist alles, wonach wir streben.

Glücklich zu sein, ist eine Wahl, die du Tag für Tag treffen kannst. Das heißt nicht, dass aller Schmerz und alle Schwierigkeiten aus deinem Leben verschwinden. Es heißt, dass du weniger an ihnen leidest: Du kannst glücklich sein, *obwohl* und nicht nur *weil.* Es sind nicht die äußeren Umstände, denen du dein Lebensglück verdankst, sondern deine innere Freiheit, deine erwachte Lebendigkeit und Bewusstheit.

Die feine Balance der vier Purusharthas erlaubt uns, mit allen Sinnen in der Welt zu leben – und doch dabei unsere Anhaftungen loszulassen, innerlich frei zu bleiben. Stell dir dazu in Bezug auf die ersten drei Purusharthas folgende Fragen: Kannst du dem Leben dienen und in der Welt wirken, ohne deine gesamte Identität daraus zu beziehen? Kannst du etwas besitzen, ohne davon besessen zu sein? Kannst du etwas genießen, ohne süchtig danach zu werden? *Kannst du frei mit der Fülle des Lebens fließen, ohne dich darin zu verfangen?*

Kamala im Leben begegnen bedeutet, das Göttliche leuchten zu sehen in allen Dingen. Sie ist die innere und äußere Schönheit, die uns Tag für Tag auf unserem Weg begegnet. Die Lotosgöttin öffnet unser Herz für die Heiligkeit der Schöpfung und das Mysterium des menschlichen Lebens. Unserem staunenden, erwachten Auge offenbart sie den Zauber dieser Welt.

Kamala Sadhana

Der Lotosgöttin huldigen heißt, unseren Sinn für Schönheit zu kultivieren. Das ist relativ einfach im Louvre vor dem Gemälde eines großen Meisters oder in der Staatsoper, verzaubert von einer mitreißenden Inszenierung. Auch in prachtvoller Natur fällt es uns meist leicht, das Göttliche zu erkennen. Doch auf dem Weg des Tantra geht es darum, Schönheit *überall* wahrzunehmen, auch jenseits von Konvention und Konditionierung. *Wir suchen die tiefe, innere Schönheit, die hinter der Fassade äußerer Erscheinung leuchtet.*

Diese spirituelle Übung lässt sich zu jeder Zeit und an jedem Ort praktizieren und bringt dich direkt in die Energie der Göttin. Kannst du Kamalas Leuchten auch in dem sehen, was deine sozio-kulturelle Prägung und dein rationaler Verstand ablehnen? Kannst du Schönheit im Banalen oder sogar Abstoßenden finden?

Versuche dich daran, wenn du das nächste Mal ein verschimmeltes Lebensmittel entsorgst oder einen Hundehaufen im Plastiktütchen einsammelst. Wenn du ein eingewachsenes Haar oder einen Mitesser an dir entdeckst.

Beobachte fasziniert, wie der Schaum auf dem Geschirrschwamm schmilzt oder eine Fliege über die Fensterscheibe krabbelt. Nimm wahr, wie der Wind liebevoll durch die Bäume vor dem Haus streift oder sich der Himmel in der Pfütze auf dem Asphalt spiegelt.

Überall in deinem Leben wartet Schönheit darauf, sich dir zu offenbaren. Mach es zu deiner täglichen Praxis, Kamalas Leuchten an unerwarteten Orten zu entdecken.

Kamala kontemplieren

Hast du schon einmal bemerkt, wie die Dinge zu dir zu fließen beginnen, wenn du sie loslässt, anstatt gierig oder gar verzweifelt danach zu greifen? Um in den Fluss von Fülle zu kommen, müssen wir erst einmal lernen, loszulassen. Wir öffnen das untere Ende des Kanals, der wir sind, damit von oben mehr nachfließen kann. Schlüssel dazu ist eine Haltung von Großzügigkeit, auch und gerade dann, wenn wir glauben, es uns eigentlich nicht erlauben zu dürfen. Das erfordert einen Zustand innerer Fülle, den du mit einer einfachen Dankbarkeitspraxis nähren kannst. Ich führe sie häufig abends im Bett durch, weil sie mich mit einem Gefühl von Frieden und Freude einschlafen lässt.

Kontemplationsanstoß:

Finde 10 Dinge in deinem Leben, für die du heute dankbar bist. Nutze deine Finger zum Zählen. Beginne ruhig mit den großen Faktoren wie Gesundheit, Familie, Zuhause etc., aber schenke deine Aufmerksamkeit unbedingt auch den kleinen Dingen und Momenten des Tages, die dir Freude bereitet haben. Schließe ab mit dem stillen oder geflüsterten Satz: »Ich bin reich beschenkt.«

Kamala in deinem Atem

Eine intensive, sinnliche Erfahrung kann uns manchmal ganz unmittelbar ins Herz der Realität hineinkatapultieren. Alles, was wir völlig präsent und bewusst wahrnehmen, kann ein Portal sein, ein Moment tiefer Erkenntnis.

Bei dieser Art der Praxis gilt es, völlig aufzugehen in sinnlicher Erfahrung, *eins* mit ihr zu werden. Du kannst dich im Rauschen des Windes verlieren oder auch in einem intensiven Geschmackserlebnis. Ein weiterer guter Weg ins Herz der Dinge führt über den Geruch, den instinktivsten unserer Sinne, der ohne Umweg über das Großhirn direkt ins Limbische System führt, wo unsere Emotionen entstehen.

So geht es Schritt für Schritt:

1. Nutze für folgende Übung ein hochwertiges ätherisches Öl deiner Wahl. Gib ein oder zwei Tropfen in die Handflächen und verreibe sie sanft, während du einen tiefen Atemzug nimmst.
2. Öffne dann die Handflächen mit geschlossenen Augen direkt vor deiner Nase und atme den Duft tief ein. Werde *eins* mit dem Geruch – still, staunend, gedankenlos, aber völlig präsent. Die intensive, sinnliche Stimulation wird deine Gedanken zur Ruhe kommen lassen. Lass den Duft jede Zelle deines Körpers durchdringen und spüre einen zeitlosen Moment lang den Hauch der Göttin.
3. Lege zum Abschluss eine Handfläche auf die nackte Haut vor deinem Brustbein und lass das Aroma des Öls hier noch einmal tief in dich eindringen.

Ich selbst praktiziere diese Übung als Mikro-Meditation jeden Tag zum Abschluss meiner Morgentoilette mit Orangenöl. Gerade im Winter hilft es mir, düstere Stimmungen zu vertreiben.

Kamala im Vijnana Bhairava Tantra

Die Lotosgöttin begegnet uns im *Vijnana Bhairava Tantra* in den sogenannten »Bliss«-Praktiken, die sich unter folgendem Titel zusammenfassen lassen:

Ekstatisch leben heißt, EINS werden mit der Erfahrung.

Die folgenden Verse nutzen Freude und Glückseligkeit als Tor zum Absoluten Bewusstsein. Und tatsächlich: Freude lässt sich mit der richtigen Technik kultivieren. Glücklichsein ist eine Praxis, die man üben kann!

Dazu müssen wir lernen, uns der reinen, unkonditionierten Erfahrung zu öffnen. Es gilt, uns vollkommen einzulassen, ohne uns durch den inneren Kommentar unseres Gedankenflusses zu distanzieren. Statt zögerlich etwas Spielgeld zu setzen, sind wir »all in« und gehen aufs Ganze, bereit, uns im Moment zu verlieren, ihn voll auszukosten. Wie so oft im Tantra führt der Weg dabei vom Kopf in den Körper und mitten ins Herz hinein, wo wir mit der Erfahrung verschmelzen. Wir suchen *Chamatkara,* einen ganzheitlichen Zustand wortlosen Staunens und stiller Ergriffenheit.

Das *Vijnana Bhairava Tantra* liefert uns hierfür drei zeitlose Übungsgelegenheiten:

Wenn du große Freude erfährst,
wie beim Wiedersehen eines geliebten Menschen
nach langer Zeit, tauch ganz ein in ihre Energie.
Löse den Geist darin auf und verschmelze damit. || 71 ||

Geh auf in der inneren Fülle, die sich beim Genuss
von Speisen und Getränken einstellt, und erfahre
überschäumende Freude. || 72 ||

Der Yogi, der Musik und andere ästhetische Freuden so sehr genießt, dass er eins damit wird, wird von unvergleichlicher Freude erfüllt, die den Geist beflügelt und die Einheit mit dem Absoluten Bewusstsein erfahrbar macht. || 73 ||

Vers 74 dann lädt uns ein, dieses Eins-Werden mit einer Erfahrung auf immer mehr Gelegenheiten in unserem Leben auszuweiten und radikal präsent zu sein mit den vielen kleinen Momenten der Freude, die sich Tag für Tag dem aufmerksamen Geist offenbaren. Dabei *verweilen* wir in einer Erfahrung, um sie *bis zur Neige* auszukosten, anstatt hektisch von einem »Happening« zum nächsten zu springen, wie es in unserer schnelllebigen Zeit an der Tagesordnung ist:

Wo immer der Geist Freude und Erfüllung findet … verweile hier. Genau dort wird sich das Wesen der höchsten Seligkeit offenbaren. || 74 ||

Das bewusste Verschmelzen mit einer sinnlichen Erfahrung ist eine der typischen Mikro-Meditationen aus dem *Vijnana Bhairava Tantra,* die sich mühelos in deinen Tagesablauf einweben lassen. Auf diese Weise verwischst du die Grenzen zwischen Alltag und spiritueller Übung, bis irgendwann jeder Moment gelebte Praxis ist und deine Erfahrung der Welt zunehmend nicht-dualistisch wird.

Beginne mit Geruch, wie etwa mit Kamalas Atemübung aus diesem Kapitel oder einer Rose in deinem Garten. Probiere es dann mit Klang: Lausche einem ergreifenden Musikstück, zum Beispiel dem »Air« von Johann Sebastian Bach. Oder setz dich im Park auf eine einsame Bank und werde eins mit dem Rauschen des Windes in den Bäumen, bis du selbst das Rauschen bist, als Rauschen erklingst.

Etwas anspruchsvoller wird diese Übung mit Geschmack und Gefühl, weil diese Sinneswahrnehmungen materieller sind: Experimentiere mit dem ersten Schluck Kaffee oder Tee am Morgen. Spüre bewusst das Wasser auf deiner Haut, wenn du dir die Hände wäschst, und verschmelze mit der körperlichen Empfindung.

Das schwierigste Übungsfeld jedoch ist das Sehen. Etwas zu sehen und eins damit zu werden, ist die größte Herausforderung für unser dualistisch programmiertes Gehirn und die fortgeschrittenste Version dieser Praxis. Zu sehr verorten wir uns selbst im eigenen Körper und begegnen der Welt, als ob wir durch die Fenster unserer Augen nach draußen blicken auf das *andere,* das, was wir *nicht* sind. In der nicht-dualistischen Erfahrung der Welt erkennen wir, dass wir *alles* sind, was wir im Inneren und Äußeren wahrnehmen.

Mein Tipp für Alltagspraktiken wie diese: Mach dir eine Liste mit einer Handvoll typischer Situationen in deinem Tagesablauf, die sich für eine Mikro-Meditation anbieten, und häng sie dir gut sichtbar an den Spiegel oder Kühlschrank.

Die Praxis mit unserer menschlichen Emotionalität und Sinnlichkeit ist eines der herausragenden Merkmale des Tantra. Ich bin immer wieder aufs Neue beeindruckt von der mutigen 180-Grad-Wendung, die diese Tradition in einer damals vorherrschenden Kultur asketischer Strenge vollzogen hat, um unsere inkarnierte Lebendigkeit vom Stolperstein zum Trittbrett zu transformieren. *Genau das, was uns in unserer Unwissenheit und Unbewusstheit bindet, befreit uns, wenn wir es mit einem erwachten Blick betrachten.*

Unsere Sinnlichkeit kann gleichermaßen Falltür sein wie Portal. Es gibt zwei Arten, damit umzugehen: Wir können den Weg der Entsagung wählen, indem wir unsere Sinnlichkeit unterdrücken. Damit sind wir auf der sicheren Seite und in Gesellschaft der meisten spirituellen Traditionen in Ost und West. Oder wir können den verwegeneren Weg der Sinnesfreude einschlagen, ausgelebt in erwachter Bewusstheit. Das ist der Weg des Tantra.

Wenn du jetzt denkst: »Prima, den nehme ich!«, lass dir gesagt sein, dass dieser zweite Weg der schwierigere ist. Er bedarf großen Muts und noch größerer Hingabe – und der Bereitschaft, dich mit jedem Schritt konsequent zu hinterfragen.

Um diesen Weg zu beschreiten, musst du erst einmal erkennen, wer du wirklich bist – und dazu den dunklen Göttinnen begegnen, deren Schwert all deine lieb gewonnenen Vorstellungen und Illusionen enthaupten wird.

Die Philosophie des Shaiva-Tantra gehört zu den am feinsten ausgearbeiteten und komplexesten Denkschulen, und sie wirklich zu durchdringen, ist die Arbeit von vielen Jahrzehnten oder womöglich Lebzeiten. Du musst dich einlassen auf intensives Studium, auf Paradox und Mehrdeutigkeit und endlose Kopfnüsse, die es zu knacken gilt. Und du musst lernen, die Dunkelheit ebenso zu lieben wie das Licht. Dann offenbart dir der tantrische Weg mit jedem Schritt die Fülle, Freude und Schönheit der Lotosgöttin: *Ananda,* reine Glückseligkeit, der Stoff, aus dem du im Innersten gemacht bist.

Dein eigener Körper ist ebenso wie das ganze Universum von Glückseligkeit durchdrungen, dem Nektar deiner (göttlichen) Essenz. Erkenne dies in tiefer Meditation und erfahre grenzenlose Freude. || 65 ||

Die zehn Mahavidyas auf einen Blick

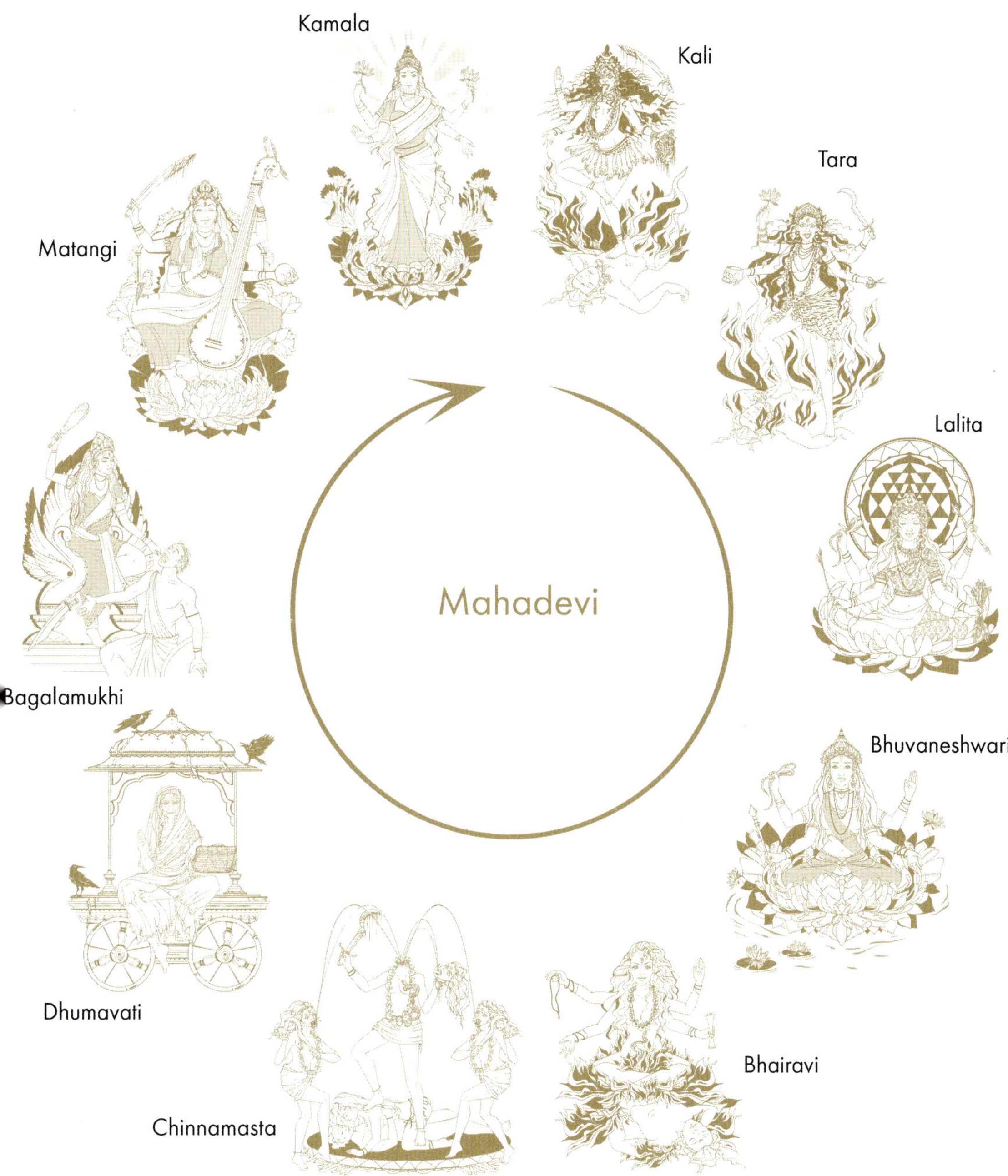

Nachwort

Mit dem Leben tanzen

Dance, Lalla, with nothing on but air:
Sing, Lalla, wearing the sky.
Look at this glowing day!
What clothes could be so beautiful,
or more sacred?

Lalleshwari, tantrische Mystikerin, 14. Jhd.

Bei meinem ersten Besuch in Indien kaufte ich mir in einem der kleinen Läden an der Strandpromenade eine Statue, die mich magisch anzog. Sie zeigt das Absolute Bewusstsein, Shiva-Shakti, als Tänzer im Flammenrad des Lebens. Heute, rund zwei Jahrzehnte später, bin ich immer noch endlos fasziniert von dieser anmutigen und heiteren Darstellung des Göttlichen als *Nataraja,* dem »Herrn des Tanzes«. Sie hat ihren Platz auf dem Altar in meinem Yoga-Raum gefunden und erinnert mich immer wieder daran, dass das EINE in stiller Glückseligkeit in allem tanzt.

Tanzen ist die wohl beste Beschreibung für das Lebensgefühl, das uns die tantrischen Traditionen vermitteln. Wenn wir tanzen – ich meine *wirklich* tanzen und nicht verlegen von einem Bein aufs andere treten –, bewegen wir uns aus unserem Innersten heraus, selbstvergessen, absichtslos und frei, in wortlosem Einklang mit unserer Umgebung verschmelzend. Voller Leichtigkeit und ganz natürlich fließen wir mit Musik und Rhythmus, mit Stimmung und Melodie. Außer reiner Freude gibt es dabei weder Ziel noch Zweck, keine Zukunft oder Vergangenheit, nur das Jetzt: Diese Bewegung, diese Geste, dieser Moment muss nirgendwo hinführen, sondern will nur ausgekostet werden.

Wenn du wirklich tanzt, wer bist du dann? Das begrenzte Ich löst sich auf im großen Sein … niemand und alles zugleich. Tantra ist der Weg der Expansion: Lass alle Anspannung hinter dir und weite dich in den Tanz des Lebens hinein.

Es ist nicht immer einfach, doch äußerst befreiend, auf diese Weise zu leben. Es braucht den Mut, sich wahrhaftig einzulassen und offenen Herzens mit den großen Energieströmen des Lebens zu fließen, denen die tantrischen Weisheitsgöttinnen wunderschöne wie auch schreckliche Gesichter verleihen. Sie kleiden die heilige Lebendigkeit der Schöpfung in ein weibliches Gewand und offenbaren uns den Weg der Großen Mutter, einen Weg der Ganzheit, auf dem wir lernen, Licht und Dunkelheit gleichermaßen zu lieben, im Körper ebenso wie im Herz-Geist zu Hause zu sein und tiefe Verbundenheit zu erfahren im großen Gewebe des Lebens.

Mit scharfem Schwert und liebevoller Hand lösen die Mahavidyas alle Fesseln, die uns an Flüchtiges binden, und reißen die Mauern unserer inneren Begrenzungen ein. So lange, bis wir das EINE in uns erkennen und uns selbst in allem. Und gleich der tantrischen Mystikerin Lalla nackt im Wind tanzen, erwacht und lebendig, voller Freude und grenzenlos frei.

Über mich

Ich bin eine Suchende, solange ich denken kann. 1999 führte mich mein Weg in meine erste Yoga-Klasse – der Beginn einer innigen Liebesgeschichte, die bis heute andauert. Auf der Suche nach einer alltagstauglichen, gelebten Spiritualität habe ich in Jahren intensiven Studiums gelernt, Yoga auf und jenseits der Matte zu praktizieren. Als Ehefrau und zweifache Mutter lehrt mich das Leben Tag für Tag, dass Liebe, Mitgefühl und Präsenz so viel wichtiger sind als die Fähigkeit, die Beine hinter dem Kopf zu verschränken.

2007 absolvierte ich meine erste Yoga-Lehrer-Ausbildung. Sehr schnell entdeckte ich meine Leidenschaft fürs Unterrichten, die sich über die Zeit von einer Liebhaberei zu meinem beruflichen Schwerpunkt entwickelte. Inzwischen bilde ich in meiner Heimat München jährlich Dutzende von Yoga-Lehrern aus oder weiter – eine Aufgabe, in der ich große Erfüllung finde.

In den letzten zehn Jahren habe ich mich eingehend mit den verschiedenen Strömungen der östlichen Philosophie beschäftigt und im Tantra dabei meine innere Heimat gefunden. Ich habe es mir zur Aufgabe gemacht, als kulturelle Übersetzerin die lebensbejahenden Konzepte der tantrischen Traditionen in zeitgemäße Sprache zu kleiden. In Trainings und Workshops, auf Retreats und durch meine Bücher vermittele ich einen weltzugewandten, ganzheitlichen spirituellen Weg, der sich harmonisch in unser modernes Leben des 21. Jahrhunderts integriert.

Mehr unter: **www.dianasans.com**

Dank

Dieses Buch wäre nicht entstanden ohne die kluge und tatkräftige Unterstützung von Ingrid Ickler, die ihm mit ihrer Begeisterung für das Thema und ihren guten Kontakten in der Verlagswelt den entscheidenden Anstoß versetzt hat. Danke von Herzen, Ingrid, für deine Inspiration und deinen Glauben an mich!

Die intensive Arbeit an diesem Buch war oft absorbierend und wurde von meiner Familie mit viel Liebe, Bestärkung und exzellenten Cappuccinos begleitet. Dank an euch drei, meinen Prinzen Aimé und meine beiden Prinzessinnen Nathalie und Noëlle. Ihr seid mein Alles.

Jedes Buch, das die Welt erblickt, ist eine Gemeinschaftsproduktion. Ich war gesegnet mit dem besten Team: Andreas Klaus als Lektor und Julia Flemmer als Illustratorin standen mir mit Herzblut, Kompetenz und Talent zur Seite, ebenso wie all die anderen bei Droemer Knaur, die diesem Buch Leben eingehaucht haben. Es war eine solche Freude, mit euch zu arbeiten!

Ich verneige mich in Demut, Dankbarkeit und tiefer Verbundenheit vor all jenen, die meinen Weg geleitet und erhellt haben, und ebenso vor all den Schüler*innen, die sich mir anvertraut haben. Ihr habt mich wachsen lassen und erweckt in jeder unserer Begegnungen. »We are all just walking each other home«, wie Ram Dass sagt.

Und abschließend geht mein Dank an *dich,* diese Zeilen lesend, dich auf dieses Buch einlassend, deine Zeit und Aufmerksamkeit meinen Worten und Gedanken schenkend. It means the world to me!

Quellen

Bäumer, Bettina: *Vijnana Bhairava – Das Göttliche Bewusstsein,* Frankfurt am Main 2018

Chinnaiyan, Kavitha: *Shakti Rising,* Oakland 2017

Feuerstein, Georg: *Tantra – The Path of Ecstasy,* Boulder 1998

Frawley, David: *Tantric Yoga and the Wisdom Goddesses,* Twin Lakes 2020

Harvey, Andrew: *The Return of the Mother,* New York 2000

Kempton, Sally: *Awakening Shakti,* Boulder 2013

Kempton, Sally: *Doorways to the Infinite,* Boulder 2014

Kinsley, David: *Tantric Visions of the Divine Feminine,* Berkeley 1997

Odier, Daniel: *Tantra Yoga,* Bielefeld 2017

Roche, Lorin: *The Radiance Sutras,* Boulder 2014

Shankaranarayanan, S.: *The Ten Great Cosmic Powers,* Chennai 2002

Singh, Jaideva: *Vijnanabhairava or Divine Consciousness,* New Delhi 1993

Wallis, Christopher: *Licht auf Tantra,* München 2023

Wallis, Christopher: *The Recognition Sutras,* Boulder 2017